Educação
e
Gestão Ambiental

Genebaldo Freire Dias – Ph.D.

Educação
e
Gestão Ambiental

Ano
2021 cristão
5779 judaico
1442 muçulmano
4719 chinês
15.000.000.000 cósmico

© **Genebaldo Freire Dias, 2006**
1ª Edição, Editora Gaia, São Paulo 2006
2ª Reimpressão, 2021

Jefferson L. Alves – diretor editorial
Richard A. Alves – diretor-geral
Flávio Samuel – gerente de produção
Ana Cristina Teixeira – assistente editorial
Ana Cristina Teixeira e Rinaldo Milesi – revisão
Acervo do autor – fotos (miolo e capa)
Reverson R. Diniz – projeto gráfico e capa

Na Editora Gaia, publicamos livros que refletem nossas ideias e valores: Desenvolvimento humano / Educação e Meio Ambiente / Esporte / Aventura / Fotografia / Gastronomia / Saúde / Alimentação e Literatura infantil.

DADOS INTERNACIONAIS DE CATALOGAÇÃO NA PUBLICAÇÃO (CIP)
(CÂMARA BRASILEIRA DO LIVRO, SP, BRASIL)

Dias, Genebaldo Freire
  Educação e gestão ambiental / Genebaldo Freire Dias. – 1. ed. – São Paulo : Gaia, 2006.

  Bibliografia.
  ISBN 978-85-7555-114-1

  1. Educação ambiental. 2. Gestão ambiental. 3. Meio ambiente. 4. Política ambiental. 5. Projeto de Educação Ambiental, Universidade Católica de Brasília – PEA-UCB. I. Título.   CDD-304.28

06-6968

Índices para catálogo sistemático:

1. Educação ambiental e gestão ambiental   304.28

Obra atualizada conforme o
NOVO ACORDO ORTOGRÁFICO DA LÍNGUA PORTUGUESA

Editora Gaia Ltda.
Rua Pirapitingui, 111-A — Liberdade
CEP 01508-020 — São Paulo — SP
Tel.: (11) 3277-7999
e-mail: gaia@editoragaia.com.br

Ⓖ globaleditora.com.br   Ⓘ /editora_gaia
Ⓒ blog.globaleditora.com.br Ⓕ /editoragaia
Ⓨ /editoragaia

Direitos reservados.
Colabore com a produção científica e cultural.
Proibida a reprodução total ou parcial desta obra sem a autorização do editor.

Nº de Catálogo: **2789**

Educação
e
Gestão Ambiental

*Ao mestre Laércio Leonel Leite, pela competência,
exemplo e dedicação.*

*À Prof.ª Josephina Desounet Baiocchi, pelo entusiasmo e estímulo
nestas duas décadas.*

*Ao poeta, compositor, cantor e mestre
na arte de viver, Cleydinaldo Freire Dias.*

Agradecimentos

À Universidade Católica de Brasília, local onde realizo sonhos desde 1985.

Ao estimado Pe. José Romualdo Degasperi, por perceber e acolher o PEA, na Pró-Reitoria de Extensão em 1999.

Ao ex-reitor Ruy Capdeville (em memória), por considerar o PEA prioritário.

À reitora Dra. Débora Pinto Niquini, pelo reconhecimento do PEA.

Aos diretores da DPC, Ir. Vítor de Souza Silva e José Leão da Cunha Filho, pelo apoio e pela prática da sapiência.

A todos os pró-reitores, diretores, colegas professores(as), funcionários(as), estagiários(as), voluntários(as) e alunos(as) da UCB, por serem cúmplices e autores do PEA.

À Marina Aparecida Pinto e Paulo Cesar Pinto de Sousa, estagiários do PEA do Curso de Engenharia Ambiental, pela dedicação.

Aos que se opuseram ao PEA, os nossos agradecimentos, por estimularem a nossa persistência, compreensão e tolerância.

À inteligência cósmica.

Sumário

Apresentação 13

Introdução 15

    Histórico 18

Justificativa do PEA-UCB. 21

A concepção do PEA 23

    O que é o Projeto de Educação Ambiental
    da UCB (PEA-UCB)? 24

    Objetivos do PEA. 24

    O Marco Referencial 25

    A Gestão Ambiental 28

    Síndrome de *NYMBY* (*not in my backyard*) 30

    Estrutura do PEA 30

Metodologia. 33

Características do PEA-UCB 35

Resultados do PEA-UCB 37

    O diagnóstico ambiental da UCB. 38

    A realização dos seminários de sensibilização. 42

    Acolhida aos(às) calouros(as) 44

    Ambientação do *campus*. 45

    Atração de aves silvestres. 48

Controle biológico da população de pombos e ratos 53

Central de Reúso 55

Coleta seletiva 57

Operacionalização 58

Metais, plásticos e vidros 59

Papel 61

Baterias de celulares e de pilhas 61

Compostagem 65

Conservação de energia 67

Conservação da qualidade sonora 70

Corpo de voluntários 71

Encontro de educadores ambientais do Distrito Federal (DF) . . . 75

Ilha de Sucessão 76

Parcerias e interações intra e extrainstitucional 80

Participação em eventos e atendimentos
de demandas externas 82

Política ambiental da UCB 82

Preciclagem 83

Prêmio UCB de Educação Ambiental (EA) 84

Produção de recursos instrucionais (formação e informação) . . 84

Racionalização do uso da água 86

Redução do consumo de combustíveis fósseis 88

Replantio de espécies nativas 90

Transplante de árvore: um símbolo 92

Custos e Benefícios do PEA 97

Benefícios indiretos 101

Despesas demandadas pelo PEA 102

Receitas catalisadas pelo PEA 103

Indicadores 105

Resumo executivo do PEA-UCB 109

Avaliação e prospectivas 113

Referências bibliográficas 115

Apresentação

Em 2005 publicamos um livreto intitulado *Ecos de um projeto de educação ambiental*, para circulação interna na Universidade Católica de Brasília (UCB), reunindo os resultados do Projeto de Educação Ambiental que ali desenvolvemos a partir de maio de 1999.

O livreto mostrava como um projeto de educação ambiental impulsionou a incorporação de práticas de gestão ambiental na instituição.

Mostrava o diagnóstico, o marco referencial, a construção da política ambiental da instituição e o desenvolvimento de uma nova cultura de responsabilidade socioambiental, por meio da adoção progressiva de práticas diversificadas que visavam o ajustamento das atividades às premissas da sustentabilidade.

O diagnóstico permitiu identificar os problemas e as prioridades. Foram estabelecidos os objetivos e as estratégias. Seguiram-se os processos de sensibilização, a implantação das atividades estruturais e a avaliação, conduzida por meio da nomeação de indicadores.

Com uma tiragem reduzida – apenas 1 mil exemplares –, rapidamente o livreto tornou-se motivo de disputas. Com frequência recebíamos pedidos de empresas, universidades, centros de estudos e profissionais da área socioambiental.

Não tínhamos a pretensão de escrever sobre gestão ambiental, mas fomos convencidos de que essa experiência precisava ser socializada. Afinal, implantou-se, na verdade, um sistema simplificado de gestão ambiental, por meio de um projeto de educação ambiental e os seus resultados foram considerados excelentes.

Em que pese não ser o objetivo do projeto, a universidade teve um retorno (lucro) de 240 mil dólares/ano, por conta da redução do seu passivo ambiental, redução em seus gastos (energia elétrica, água, combustível, equipamentos, compras e outros), ampliação de sua mídia espontânea e melhoria da sua imagem institucional.

Com recursos limitadíssimos e, muitas vezes, alguns boicotes conseguiu demonstrar que é possível produzir as mudanças que tanto desejamos.

Dessa forma, apresentamos esse trabalho, como um simples estudo de caso, e uma humilde contribuição à difusão da aplicabilidade dos processos de educação e gestão ambiental, como elementos indutores de transformação evolucionária da sociedade humana.

Genebaldo Freire Dias

Introdução

"*A* próxima guerra será por causa da água." Essa frase era comumente empregada quando alguém queria se referir à necessidade de se produzir mudanças no comportamento, hábito ou atitude das pessoas, das instituições e das autoridades, em relação ao meio ambiente e ao uso dos seus recursos naturais.

Hoje, essa frase apresenta-se inadequada, desatualizada. Cerca de 60 nações estão em conflito desde o início da década de 1990. A guerra por causa da água é uma realidade. Nos próximos 25 anos, metade da população humana terá limitações sérias para o acesso à água potável.

Em muitos países, o valor de um litro de água chega a custar o dobro de um litro de gasolina. O mercado internacional de água já é uma realidade, assim como o seu contrabando (águas dos rios amazônicos são transportadas como "lastro"em navios mercantes).

As inquietantes mudanças ambientais que se anunciavam para 2050 já estão presentes, traduzidas por profundas alterações climáticas, perda de solos férteis, desaparecimento das florestas e dos animais, surgimento de novas doenças, perda da qualidade de vida e uma profunda sensação de que o tempo encolheu. Estamos envolvidos de tal forma em nossas tarefas sempre urgentes que não paramos para refletir sobre o suicídio coletivo que representa o atual estilo de vida, no qual está imersa a maior parte das pessoas.

Aumentamos a produção, aumentamos o consumo, aumentamos a degradação ambiental e estamos sempre prontos para justificar mais degradação, desde que criemos novos empregos para atender cada vez mais pessoas que nascem e começam a consumir, produzir resíduos e aumentar a pressão sobre os recursos naturais.

Hoje somos a espécie dominante na Terra e temos nos transformado em uma praga, devido ao nosso comportamento predatório, egoísta, imediatista, de querer tudo, sempre mais e agora.

O modelo de "desenvolvimento" adotado, por um lado, gera opulência, por outro, gera exclusão social, e ambos degradam. O modelo também gera uma crise de percepção. Para manter-se o atual estilo de vida, destroem-se os sistemas de suporte da vida na Terra. Poluímos as águas que bebemos, o ar que respiramos e os solos que produzem nossos alimentos. Acabamos com as florestas que garantem a água, o clima ameno, o ar puro e o solo produtivo. Por último, dizimamos os animais que compõem a teia da vida e tornamos alguns deles escravos para servirem de fonte de proteínas.

O analfabetismo ambiental levou a espécie humana a produzir pressões insuportáveis sobre os sistemas naturais. Com isso, a capacidade de suporte dos ecossistemas globais já foi superada. Estamos vivendo às custas do nosso capital natural, ou seja, estamos vivendo de retiradas contínuas de uma poupança, na qual não fazemos nenhum depósito.

No nosso metabolismo urbano-industrial, estamos produzindo mais gás carbônico do que os sistemas da Terra podem absorver. A velocidade de exploração das florestas e dos solos é, muitas vezes, superior à capacidade de regeneração da natureza. Extrapolamos todos os limites que a ignorância permite.

Como consequência, percebe-se a perda da qualidade de vida, de uma forma generalizada, em todo o mundo. Essa perda se traduz de forma diferenciada entre os diversos povos, grupos sociais e pessoas: vai desde a perda de uma cachoeira de água potável a um riacho que sumiu; de um recanto destruído à violência dos assaltos e do desemprego; do empobrecimento estético à erosão cultural; da insensatez das guerras à arrogância e ganância que as geram.

O desvio dessa rota de colisão com a insustentabilidade e a reversão dessa tendência catastrófica constituem-se o maior desafio evolucionário enfrentado pela espécie humana, desde que esta se organizou em sociedade.

Esse desafio envolve todas as pessoas em todos os ramos de atividade. *Todos* estão envolvidos nesse experimento global. *Você* está nesse experimento, sua família, seus empreendimentos, seu futuro.

O enfrentamento desses desafios requer novas ferramentas teóricas, novas práticas, bem como o resgate de valores e a criação de novos, sintonizados com uma ética global.

A despeito da permanência de uma tendência pró-insustentabilidade, felizmente, a última década testemunhou o crescimento das respostas culturais adaptativas exibidas pelos seres humanos. Foram realizadas importantes conferências internacionais, que resultaram em tratados, acordos, convenções, desenvolvimento dos processos de gestão ambiental e uma crescente mobilização voltada para a sensibilização e conscientização.

Ganharam impulso os diversos instrumentos de gestão ambiental como o processo de educação ambiental, os licenciamentos, as certificações, o aperfeiçoamento das leis ambientais e dos mecanismos de participação popular.

As universidades, catalisadoras do metabolismo intelectual, imersas em suas preocupações acadêmicas, focadas na produção científica para fins autopromocionais, ainda reage de forma tímida, como se nada tivesse mudado.

As suas práticas, em sua maioria, ainda revelam uma visão auto-centrada, fragmentada e desconectada dos reais desafios socioambientais da sociedade.

A essa altura, a dimensão ambiental já deveria estar incorporada em todos os cursos e em todas as ações dessas instituições. Tal processo ainda ocorre de forma pontual, muitas vezes sob forte oposição e conduzido por alguns abnegados. Mudar o que está estabelecido há décadas fere interesses pessoais e corporativos, desestabiliza feudos e incomoda os acomodados.

Todas as instituições de educação e ensino já deveriam abrigar, em sua estrutura e função, uma política ambiental definida, com Programas de educação ambiental como instrumento de gestão ambiental.

Em sintonia com esses desafios, a Universidade Católica de Brasília, por meio da sua Pró-Reitoria de Extensão (Diretoria de Programas Comunitários), desenvolveu o seu Projeto de Educação Ambiental (PEA-UCB), por meio do qual promoveu a ampliação da percepção das pessoas para os desafios socioambientais e para as necessidades de mudanças de hábitos e valores.

Esse projeto tem como objetivo incorporar a dimensão socioambiental nas ações da UCB e alia-se à sua missão, princípios, valores e política ambiental.

Histórico

Da Universidade

Em 1974, foi criada a Faculdade Católica de Ciências Humanas (Brasília, DF). Transformou-se em Faculdades Integradas da Católica de Brasília (1981), evoluindo para Universidade Católica de Brasília, em 1995.

Hoje, seu *campus* de 600 mil m^2 abriga 87 cursos, 890 professores, 104 laboratórios, 18 mil alunos, 72 projetos de pesquisa (recursos próprios) e uma biblioteca com 190 mil títulos. Cerca de 35 mil pessoas são beneficiadas com seus projetos sociais.

A UCB é comprometida com a qualidade do ensino, a relevância da pesquisa e a efetividade da extensão.

Do PEA-UCB

Sensibilizados pelos diversos cursos da área ambiental da UCB, os estudantes começaram a questionar o modo de operação da própria Universidade.

A UCB funcionava com várias não conformidades ambientais, que variavam do desperdício e da poluição à inadequação de procedimentos.

A implantação de um Programa de Educação Ambiental no *campus* da UCB passou a ser um imperativo da moderna gestão institucional, sintonizada com a responsabilidade social e com o processo de sustentabilidade.

Em maio de 1999, no auditório do Bloco K, o então reitor convocou uma reunião com todos os diretores, chefes, gerentes e coordenadores da UCB, e apresentei, na condição de Consultor, o diagnóstico ambiental da UCB e a justificativa para a implantação de um PEA na instituição, integrando um modelo simplificado de Gestão Ambiental.

Aprovado e considerado como projeto prioritário, o PEA iniciou suas atividades na Diretoria de Programas Comunitários, ligada à Pró-Reitoria de Extensão.

As atividades do projeto foram iniciadas em agosto de 1999.

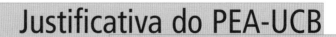
Justificativa do PEA-UCB

Nenhum outro momento da história humana revelou, de forma tão nítida, a imprudência da espécie humana no trato com os sistemas que asseguram a vida na Terra.

Os desafios estão postos na forma de responsabilidade social e ambiental e todos foram convocados para o seu enfrentamento. As universidades precisam incorporar estas dimensões e gerar soluções sustentáveis, contribuindo para modificar a rota de colisão que se configura.

Sintonizadas com a sua missão, princípios, valores e política ambiental, a UCB, por meio do seu Projeto de Educação Ambiental – PEA –, promove ações de incorporação da dimensão ambiental, nas atividades dos *campi* I e II.

A Concepção do PEA

O PEA-UCB foi concebido de forma a apresentar respostas adaptativas às não conformidades identificadas na Instituição e gerar demandas de mudanças evolucionárias em sua estrutura.

O que é o Projeto de Educação Ambiental da UCB (PEA-UCB)?

É um conjunto de atividades que busca informar e sensibilizar as pessoas sobre a complexa temática ambiental, estimulando o envolvimento em ações que promovam hábitos sustentáveis de uso dos recursos naturais, além de propiciar reflexões sobre as relações ser humano-ambiente.

Prevê o uso responsável dos recursos naturais, o desenvolvimento de atividades de sensibilização e de mudanças de hábitos, além de mudanças instrumentais nas diversas operações diárias dos processos administrativos da UCB.

O PEA-UCB é executado por meio da Pró-Reitoria de Extensão, Diretoria de Programas Comunitários; integra o Programa de Qualidade de Vida e interage de forma sistêmica e multidisciplinar com diversos setores da Instituição.

Objetivos do PEA

Geral:

Incorporar a dimensão socioambiental nas ações da UCB e ajustar a sua pegada ecológica, em prol da sustentabilidade humana.

Específicos:

1. Difundir, na instituição, práticas compatíveis com as premissas do desenvolvimento de sociedades sustentáveis, por meio dos diversos processos de gestão ambiental que compõem o cotidiano da UCB, destacando-se:

- acolhida aos calouros;
- ambientação do *campus;*
- central de reúso;
- coleta seletiva;
- compostagem;
- conservação de energia;

- conservação da qualidade sonora;
- corpo de voluntários;
- encontro de educadores ambientais do DF;
- conservação de energia;
- conservação da qualidade sonora;
- ilha da sucessão;
- participação em eventos internos e externos;
- preciclagem;
- prêmio UCB de EA;
- racionalização do uso da água;
- redução do consumo de combustíveis fósseis;
- parcerias.

2. Elaborar indicadores de sustentabilidade.
3. Promover a incorporação progressiva de correções e novos procedimentos no metabolismo energético-material da UCB.
4. Produzir recursos instrucionais para o processo de EA do PEA.
5. Promover a construção da Agenda Ambiental da UCB.

O Marco Referencial

O Marco Referencial adotado para o Projeto de Educação Ambiental da UCB fundamenta-se nas orientações da Política Nacional de Educação Ambiental (Lei 9.795/99).

Essa política baseia-se nas recomendações das Grandes Conferências Intergovernamentais sobre Educação Ambiental, promovidas pela Unesco – PNUMA –, por meio do seu Programa Internacional de Educação Ambiental (Tbilisi, 1977; Moscou, 1987), corroboradas na Conferência da ONU sobre o Meio Ambiente e Desenvolvimento (Rio 92), Conferência sobre a Sustentabilidade Humana (Rio + 10, Johannesburgo, África do Sul, 2002) e do Programa de Educação Ambiental dos Ministérios do Meio Ambiente e da Educação, bem como da Diretoria de Educação Ambiental do Ibama (Educação no processo de Gestão Ambiental).

Sintoniza-se, ainda, com a missão da instituição, seus princípios fundantes, valores e sua política ambiental.

A educação ambiental é percebida como um processo permanente no qual os indivíduos e a comunidade tomam consciência do seu meio ambiente e adquirem conhecimentos, valores, habilidades, experiências e determinação que os tornem aptos a agir – individual e coletivamente – e resolver problemas ambientais, presentes e futuros.

Pelos seus objetivos e funções, a EA é necessariamente uma forma de prática educacional sintonizada com a vida da sociedade.

Ela só pode ser efetiva se todos os membros da sociedade participarem das múltiplas tarefas de melhoria das relações das pessoas com o seu ambiente, e se conscientizarem do seu envolvimento e das suas responsabilidades.

Para o desenvolvimento da educação ambiental, recomendou-se que fossem considerados todos os aspectos que compõem a questão ambiental, ou seja, os aspectos políticos, sociais, econômicos, científicos, tecnológicos, culturais, ecológicos e éticos.

Recomendou-se também que a educação ambiental facilite a visão integrada do ambiente; que os indivíduos e a coletividade possam compreender a natureza complexa do ambiente e adquirir os conhecimentos, os valores, os comportamentos e as habilidades práticas para participar eficazmente na prevenção e solução dos problemas ambientais; mostrar, com toda clareza, as interdependências econômicas, políticas e ecológicas do mundo moderno, no qual as decisões e comportamentos dos diversos países podem produzir consequências de alcance internacional; que suscite uma vinculação mais estreita entre os processos educativos e a realidade, estruturando suas atividades em torno dos problemas concretos que se impõem à comunidade e enfocá-los através de uma perspectiva interdisciplinar e globalizadora; que seja concebida como um processo contínuo, dirigido a todos os grupos de idade e categorias profissionais.

A educação ambiental tem como finalidade promover a compreensão da existência e da importância da interdependência econômica, política, social e ecológica da sociedade; proporcionar a todas as pessoas a possibilidade de adquirir conhecimentos, o sentido dos valores, o interesse ativo e as atitudes necessárias, para proteger e melhorar a qualidade ambiental; induzir novas formas de conduta nos indivíduos, nos grupos sociais e na sociedade em seu conjunto, tornando-a apta a agir em busca de alternativas de soluções para os seus problemas ambientais, como forma de elevação da sua qualidade de vida.

Dessa forma, a educação ambiental estabelece um conjunto de elementos capaz de compor um processo, por meio do qual o ser humano perceba, de forma nítida, reflexiva e crítica, os mecanismos sociais, políticos e econômicos que estabelecem uma nova dinâmica global, preparando-os para o exercício pleno, responsável e consciente dos seus direitos de cidadã(o), por meio dos diversos canais de participação comunitária, em busca da melhoria de sua qualidade de vida e da qualidade da experiência humana (Dias, 2002).

É entendida como um processo onde se vivenciam experiências de interações e de trocas motivadoras para a consecução de um ambiente socialmente justo e ecologicamente equilibrado (Oliveira, 2003, p. 28).

Por último, a EA é um processo de promoção da percepção para a necessidade de ajustamento da Pegada Ecológica* da espécie humana (Dias, 2004). Ajuda a perceber como funciona o ambiente, como a sociedade interfere nele e como pode promover a sua sustentabilidade.

O PEA-UCB foi concebido de forma a suscitar nas pessoas a compreensão dos desafios e a vontade de fazer parte dos processos de transformações. Afinal, não vamos mudar muita coisa apenas reciclando latinhas, fazendo compostagem, deixando de jogar lixo no chão, economizando água e energia elétrica, preservando florestas, ou falando sobre poluição, efeito estufa e outras desgraças ambientais.

Esses elementos são importantes, mas são apenas algumas das estratégias, que por si só não produzirão as mudanças necessárias pois *os desafios são de ordem estrutural*.

É óbvio que vamos insistir na coleta seletiva porém, precisamos mostrar que vivemos sob um modelo de "desenvolvimento" gerador de desgraças ambientais e sociais, traduzidas por degradação e exclusão social.

Como enfatiza Elísio Márcio de Oliveira: "*Vivemos um momento de crise do processo civilizatório, da necessidade de reconstrução de valores, pautados em uma nova ética de promoção de vida, que releve a dignidade humana e repense as relações dos seres humanos entre si e com a natureza*" (Oliveira, 2002, p. 81).

Acentua ainda que as mudanças requerem novas formulações, uma revisão nos conceitos que moldaram os padrões referenciais de consumo, reconstruir relações e valores, produzir novos conhecimentos e saberes que determinem novas atitudes de responsabilidade socioambiental. A questão é: como? (vai dar tempo?).

Esse trabalho pretende ser uma pequena demonstração desse "como".

(*) A Pegada Ecológica é a área de terra ecoprodutiva que uma pessoa precisa para sustentar o seu consumo e absorver os seus resíduos. Logo, depende do seu padrão de consumo. Na atualidade, a Pegada Ecológica admissível para cada habitante da Terra é de apenas 1,6 ha/pessoa/ano (nos anos 1970 era de 6,3!). Ocorre que habitantes de países ricos exibem PE superiores a 5,5 ha/pessoa/ano. Tais países sobrevivem às custas de recursos de outros povos, expondo o dilema ético da insustentabilidade (Dias, 2002).

A Gestão Ambiental

A Gestão Ambiental é o nome atualizado que se dá à "Administração Ambiental".

Consiste em um conjunto de medidas e procedimentos que permite identificar problemas ambientais gerados pelas atividades da instituição, como a poluição e o desperdício, e rever critérios de atuação (normas e diretrizes), incorporando novas práticas capazes de reduzir ou eliminar danos ao meio ambiente (passivo ambiental).

A implantação de um processo de gestão ambiental simplificado obedece a seguinte sequência:

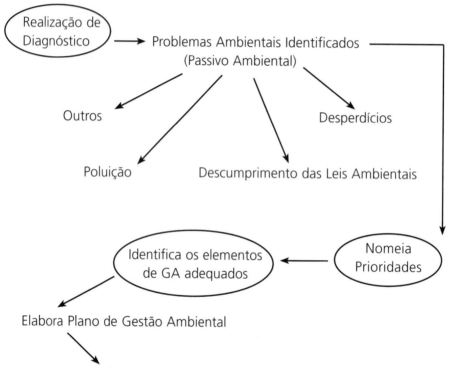

Para fins didáticos podemos nomear os principais instrumentos de Gestão Ambiental:

- administração de passivo ambiental;
- certificação ambiental;
- conservação de energia elétrica;
- conservação da qualidade estética;

- conservação da qualidade sonora;
- determinação da pegada ecológica;
- diplomacia ambiental;
- economia ecológica;
- ecoturismo;
- educação ambiental;
- legislação ambiental;
- licenciamento ambiental;
- MDL (Mecanismos de Desenvolvimento Limpo):
  - ciência e tecnologia;
  - novas tecnologias;
  - engenharia ambiental;
- política ambiental;
- preciclagem;
- preservação da biodiversidade;
- racionalização do uso da água;
- racionalização do uso de combustíveis fósseis;
- reaproveitamento:
  - recuperação;
  - centrais de reúso;
  - coleta seletiva e reciclagem;
  - compostagem;
- Sistema Nacional de Unidades de Conservação (SNUC);
- zoneamento ambiental.

Segue-se:

Um indicador é sempre um número. Após um período, transforma-se em um parâmetro para o estabelecimento de metas. Exemplo: indicador da coleta seletiva de papel: 15 toneladas de papel recolhidas/ano. Após um ano, esse indicador pode sugerir uma meta para o ano seguinte: 17 toneladas/ano, por exemplo.

A incorporação da dimensão ambiental nas atividades da empresa deve conduzi-la a configurar ou aprimorar a sua política ambiental e buscar a eficiência ecológica contínua. Isto, por sua vez, deve expressar o seu compromisso social.

Síndrome de *NYMBY (not in my backyard)*

Ao implantar a gestão ambiental, reduz-se o passivo ambiental da instituição, ou seja, reduz-se o seu potencial de causar danos ao ambiente e de receber sanções ambientais (multas, embargos e outros). Permite reduzir riscos e gastos, e ampliar a margem de lucros (interesse majoritário, na dura realidade, ainda).

Ganha-se ainda com a melhoria da imagem institucional, dado ao alargamento das possibilidades de *marketing* e, consequentemente, valorização de suas ações (a bolsa de valores pauta-se muito pelos boatos e informações de desempenhos).

Porém, deve-se acentuar que o falso *marketing* tem vida curta na área ambiental: ou se constrói uma imagem de responsabilidade socioambiental assentada em atitudes, tecnologia e valores condizentes, ou o tiro sai pela culatra.

Não se conhece um só caso de falso *marketing* ambiental que tenha conseguido colocar uma auréola angelical em uma empresa poluidora.

Uma instituição que tem política ambiental definida e abriga um processo de gestão ambiental sinaliza para o mercado a sua competência e sintonia com os desafios da sustentabilidade socioambiental e demonstra capacidade de autoajustamentos evolucionários.

Quintas e Gualda (1995) consideram que o *"modo de perceber determinado problema ambiental, ou mesmo a aceitação de sua existência, não é meramente uma questão cognitiva, mas é mediado por interesses econômicos, políticos, posição ideológica e ocorre em determinado contexto social, político, espacial e temporal"*.

Estrutura do PEA

O PEA-UCB está organizado segundo o organograma a seguir.

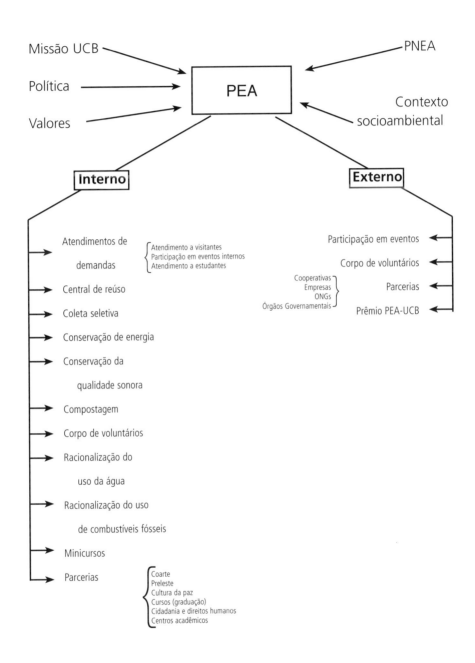

Metodologia

A metodologia definida para o PEA-UCB foi consolidada nas experiências bem-sucedidas de educação ambiental no Brasil.

Iniciou-se com a caracterização do *perfil ambiental* da instituição (sua cultura, seus valores, seu metabolismo energético e material, sua estrutura, função e dinâmica), seguindo-se a realização do *diagnóstico socioambiental*.

Esse diagnóstico indicou *prioridades* que requereram o estabelecimento de *objetivos* para atendê-las. A partir desses objetivos, configurou-se o *projeto* com suas *estratégias*, suas *técnicas* e seus *recursos instrucionais*. Por último, foram nomeados os *indicadores* para o processo de *avaliação* (direta e inobtrusiva) e estabelecimento de *metas*.

Características do PEA-UCB

O PEA caracteriza-se pela sua *sintonia* com os desafios evolucionários da espécie humana, pelo seu *foco na inovação* (adaptabilidade – adequabilidade) e por sua *conectividade* e capacidade de promover *integração sinérgica, articulando o uso de competências* intra e interinstitucionais, por meio de práticas *interdisciplinares*.

Expressa a essência de uma universidade em extensão, ao afirmar a sua *identidade* (social, científica, educadora) e seus *princípios*, e comunicar/transformar os benefícios do ensino e da pesquisa, em ações concretas de melhoria da qualidade de vida das comunidades, por meio das estratégias do *desenvolvimento de sociedades sustentáveis*.

Resultados do PEA-UCB

Reúnem-se aqui apenas os resultados mais expressivos do projeto, registrados no período compreendido de maio de 1999 a maio de 2005. Estão colocados em ordem alfabética.

O diagnóstico ambiental da UCB

O diagnóstico ambiental da UCB foi conduzido entre 20 de maio e 20 de junho de 1999. Constou de auditorias a todas as instalações internas e externas do *campus* I (Taguatinga Norte, DF).

Revelaram-se várias não conformidades ambientais, destacando-se:

- a disposição inadequada de resíduos sólidos (lixões);
- poluição atmosférica (incinerações irregulares, desperdício de combustíveis);
- poluição sonora (sirenes e outras fontes estressantes);
- desperdício de combustíveis, água e energia elétrica;
- manejo incorreto da área verde (uso excessivo de venenos, eliminação da flora nativa, mutilações das árvores nativas, plantio de espécies inadequadas);
- maus-tratos à fauna silvestre (destruição de ninhos e de *habitat*).

O diagnóstico indicou que a UCB exibia práticas contraditórias aos seus princípios. Enquanto buscava, por meio dos seus cursos e das suas múltiplas atividades de pesquisa e extensão, promover o "Desenvolvimento Sustentável" nas suas práticas cotidianas, poluía e desperdiçava recursos naturais, destruía a vegetação e a fauna nativas e cometia uma série de outras agressões ao ambiente.

Essas não conformidades elevavam o passivo ambiental da UCB à casa dos 3 milhões de dólares (1US$ = R$ 3,00, 1999).

O PEA surgia, então, como uma forma de catalisar ações dentro da instituição que ajudassem a sensibilizar as pessoas e promover as mudanças de hábitos necessárias para *o desenvolvimento de uma nova cultura de responsabilidade socioambiental*, e que tornassem possível a incorporação da dimensão ambiental em suas ações, ou seja, que as teorias gerassem práticas ajustadas às premissas professadas, não apenas reduzindo o seu passivo ambiental, mas *difundindo a necessidade de mudanças estruturais na nossa forma de viver* (estilo de vida, modelo de "desenvolvimento", consumismo, valores e ética).

Foto 1 • Antes do PEA: lixão no *campus*

Foto 2 • Depois do PEA

Foto 3 • Antes do PEA: desperdício de metais

Foto 4 • Depois do PEA

Foto 5 • Antes do PEA: desperdício de sucatas

Foto 6 • Depois do PEA

Foto 7 • Antes do PEA: resíduos tóxicos expostos

Foto 8 • Depois do PEA

Foto 9 • Antes do PEA: resíduos e sucatas

Foto 10 A • Depois do PEA

Foto 10 B • Árvores nativas do Cerrado cortadas e tratadas como lixo

A realização dos seminários de sensibilização

O diagnóstico permitiu identificar os problemas socioambientais da UCB. Seguindo os passos de orientações do processo da educação ambiental não formal, foram determinadas as prioridades e estabelecidos os objetivos. Esses indicavam o processo de sensibilização dos funcionários como elemento crítico, indispensável e prioritário.

Assim, foram promovidos 55 seminários de sensibilização, durante dois anos, envolvendo cerca de 75% dos funcionários da UCB.

Em grupos de 40 pessoas, funcionários(as) e prestadores(as) de serviços eram levados ao Parque Nacional de Brasília (Água Mineral), onde eram discutidas as principais questões ambientais globais, nacionais e locais. Esses grupos eram formados de modo a reunir pessoas de diferentes níveis hierárquicos em um mesmo momento.

Apresentava-se o PEA-UCB como uma contribuição efetiva da instituição para o enfrentamento daqueles desafios identificados nas discussões e acentuava-se a importância do papel de cada pessoa.

Tais encontros culminavam com a caminhada interpretativa em uma trilha onde eram promovidas dinâmicas de sensibilização (senso-percepção).

Foto 11 • Chegada dos funcionários ao Parque Nacional de Brasília

Foto 12 • Interpretação socioambiental da maquete do PNB

Foto 13 • Dinâmica do sol (sensopercepção)

Foto 14• Dinâmica da água   Foto 15 • Caminhada na trilha

Foto 16 • Momento de lazer do pessoal da limpeza, após Seminário de Sensibilização

Em 2005 verificou-se, em parceria com a Diretoria de Recursos Humanos, que houve uma renovação em torno de 40% do quadro de funcionários atual. Iniciou-se novo ciclo de seminários de sensibilização.

Indicador: número de seminários realizados; porcentagem do número de participantes em relação ao total de funcionários da UCB.

Acolhida aos(às) calouros(as)

Na acolhida aos calouros, inclui-se uma palestra sobre a temática socioambiental, abordando-se os desafios à sustentabilidade humana.

A UCB recebe, em média, 1.800 novos alunos, a cada semestre. Na programação organizada pela Coarte – Coordenadoria de Arte e Cultura –, Programa de Relações Estudantis, Projeto Identidade Institucional e Cultura de Paz, os novos alunos ficam conhecendo o projeto de educação ambiental, seus desafios, inovações e possibilidades de participação (corpo de voluntários).

Nessa ocasião, é distribuído o livreto *55 ações individuais para a sustentabilidade* (Dias, 2001), produzido especialmente para o PEA.

Foto 17 • Dinâmica da Cultura da Paz na acolhida aos calouros

Indicador: número de calouros acolhidos.

Ambientação do *campus*

O PEA sugere implantações e modificações diversas na área do *campus*, com o objetivo de proporcionar melhoria na qualidade ambiental e nas relações ser humano/ambiente.

O relógio solar é um exemplo. Por meio dele, busca-se promover a percepção sobre os mecanismos de suporte à vida.

Outros exemplos são o plantio de árvores melíferas para a atração de aves silvestres e o aproveitamento da madeira de velhos pinheiros para a fabricação de mesas e bancos dispostos em recantos de convívio no *campus* I.

Em outras ocasiões promove a acomodação de conflitos entre o plano dos arquitetos e a lógica das pessoas. Os caminhos feitos pelos gramados terminam se transformando em agradáveis atalhos.

A iluminação e a ventilação adequada também recebem a atenção do PEA.

Foto 18 • O atalho lógico proibido   Foto 19 • O apoio ao atalho lógico

Foto 20 • O atalho lógico que os planejadores insistiam em ignorar

Foto 21 • Novos atalhos   Foto 21 A • Outros atalhos

Foto 21 B • Mais atalhos

Foto 22 • O relógio solar

Indicador: número de ambientações promovidas.

Atração de aves silvestres

Durante a implantação do *campus* I ocorreu um lamentável erro, produzido pelos executores das construções, no início dos anos 1980.

Nos seus 600 mil m², o *campus* I da UCB abrigava uma expressiva amostra do Bioma Cerrado, em bom estado de preservação. Podiam ser encontradas árvores representativas desse bioma, como pequi, pau--santo, lobeira, jacarandá-do-cerrado, pau-de-tucano, diversas espécies de palmeiras e de ipês.

Da fauna de cerrado, registravam-se gaviões, corujas, araras peque-nas, tucanos, marrecos, raposas, saguis e uma grande diversidade de roedores, pequenos mamíferos, répteis, anfíbios, aves e insetos.

Com a "urbanização" do *campus* em 1986, decidiu-se remover a vegetação nativa. Em seu lugar, surgiu um gramado que estabeleceu uma estética monótona, previsível e estéril. A "biodiversidade" foi redu-zida à presença de gramíneas, pombos e pardais!

Com o advento do PEA, iniciou-se o replantio de árvores apropriadas para atrair pássaros nativos, com as espécies melíferas (flores com bastan-te néctar para mel) e frutíferas de grande porte (jaqueiras) e de pequeno porte (jamelão e pitanga). Essas árvores foram plantadas em áreas afasta-das de estacionamentos, para evitar danos óbvios aos veículos.

Resultados:

Ao longo de cinco anos, registra-se no *campus* um aumento no número de espécies de aves nativas que vêm enriquecer a sua estética, alegrar o ambiente com seus trinados, suas danças e suas cores. Como se sabe, a presença de aves silvestres é um indicador positivo de qualida-de ambiental.

Em junho de 2004, o aluno Marcelo Sanderson (Curso de Biologia da UCB, na disciplina "Educação Ambiental") identificou 21 espécies de aves nativas, no *campus*. Em agosto de 2005, os alunos Ciro de Sousa, Eduardo Santos Alves, Luana Santos e Marcelo Lattarulo Campos identi-ficaram 41 espécies (ver tabela).

Os alunos pesquisadores acentuam a necessidade de mais estudos de levantamento para que se tenha uma amostragem mais completa das aves que habitam ou utilizam o *campus*. Esses levantamentos precisam utilizar técnicas diversas de identificação e captura, realizados em dife-rentes épocas do ano.

Tabela 1 – Espécies de aves observadas no *campus* I da Universidade Católica de Brasília – UCB em junho de 2005.

Família	Nome científico	Nome popular
	ORDEM APODIFORMES	
Trochilidae	*Colibri serrirostris*[1]	Beija-flor-de-orelha--violeta
	Eupetomena macroura[2]	Beija-flor-tesoura
	Hylocharis cyanus[1]	Beija-flor-roxo
	ORDEM CAPRIMULGIFORMES	
Nyctibiidae	*Nyctibius griseus*[1]	Mãe-da-lua
	ORDEM CHARADRIIFORMES	
Charadriidae	*Vanellus chilensis*[2]	Quero-quero
	ORDEM COLUMBIFORMES	
Columbidae	*Columbina talpacoti*[2]	Rolinha
	Columba livia domestica[2]	Pombo
	Columba cayennensis[1]	Pomba-galega
	Columba picazuro[1]	Asa-branca

(continua)

Família	Nome científico	Nome popular
	ORDEM CUCULIFORMES	
Cuculidae	*Crotophaga ani*[2]	Anu-preto
	Guira guira[2]	Anu-branco
	Piaya cayana[1]	Alma-de-gato
	ORDEM FALCONIFORMES	
Falconidae	*Falco sparverius*[1]	Quiriquiri
	Polyborus plancus[2]	Carcará
	ORDEM PASSERIFORMES – SUBORDEM CLAMATORES	
Furnariidae		João-de-barro
	Furnarius rufus[2]	
Tyrannidae		Bem-te-vi
	Pitangus sulphuratus[2]	Tesourinha
	Tyrannus savana[2]	Suiriri
	Tyrannus melancholicus[2]	
	ORDEM PASSERIFORMES – SUBORDEM OSCINES	
Emberezidae (Coerebinae)	*Coereba flaveola*[1]	Cambacica
Emberezidae (Emberezinae)	*Sicalis flaveola*[2]	Canário-da-terra

(continua)

Família	Nome científico	Nome popular
	ORDEM PASSERIFORMES – SUBORDEM OSCINES	
Emberezidae (Emberezinae)	*Volatinia jacarina*[2] *Zonotrichia capensis*[2]	Tiziu Tico-tico
Corvidae	*Cyanocorax crystatellus*[1]	Gralha-do-cerrado
Emberezidae (Icterinae)	*Gnorimopsar chopi*[1]	Pássaro-preto
Emberezidae (Thraupinae)	*Sericossypha loricata*[1]	Carretão
Estrildidae	*Estrilda astrild*[1]	Bico-de-lacre
Hirundinidae	*Notiochelidon cyanoleuca*[2]	Andorinha-pequena- -de-casa
Mimidae	*Mimus saturninus*[2]	Sabiá-do-campo
Passerinae	*Passer domesticus*[2]	Pardal
Troglodytidae	*Troglodytes aedon*[1]	Cambaxirra
Turdinae	*Turdus leucomelas*[1] *Turdus rufiventris*[2]	Sabiá-poca Sabiá-laranjeira
Vireonidae	*Cyclarhis gujanensis*[1]	Pitiguari

(continua)

Família	Nome científico	Nome popular
	ORDEM PICIFORMES	
Picidae	Colaptes campestris[2]	Picapau-do-campo
	Dryocopus lineatus[1]	Picapau-de-banda--branca
Ramphastidae	Ramphastos toco[1]	Tucanuçu
	ORDEM PSITTACIFORMES	
Psittacidae	Brotogeris chiriri[1]	Periquito-de-encontro-amarelo
	ORDEM STRIGIFORMES	
Strigidae	Asio stygius[2]	Mocho-diabo
	ORDEM STRIGIFORMES	
Strigidae	Speotyto cunicularia[2]	Coruja-buraqueira
Tytonidae	Tyto alba[1]	Suindara

1. Espécies observadas pela primeira vez em 2005.
2. Espécies observadas em junho de 2004 e 2005.

Indicador: número de espécies presentes no *campus* I; estimativa do número de espécies presentes.

Controle biológico da população de pombos e ratos

Havia uma população excessiva de pombos no *campus*, causando transtornos e ameaças à saúde das pessoas. Nas lanchonetes, os pombos chegavam a compartilhar as mesas e as bandejas.

Para controlar o excesso dessa população, sem o nefasto uso de armadilhas, venenos ou de mórbidas seções de abate, o PEA, em parceria com alunos do Curso de Biologia e de especialistas do Ibama, procedeu à atração de gaviões, estimulando a predação natural.

Resultados:

Após oito meses de trabalho, um casal de gaviões instalou seu ninho no telhado do Ginásio de Esportes e nas torres de iluminação do campo de futebol. A predação natural sobre os pombos e ratos iniciou-se imediatamente, reduzindo a sua população a um número que não mais representava transtornos.

O sucesso dessa operação revelou-se pelo número de ossos de pombos encontrados nas áreas dos ninhos, gerando, inclusive, um rico contexto de pesquisas, explorado por alunos e professores.

Na atualidade, dois casais de gaviões, conhecidíssimos da comunidade acadêmica (e protegidos por ela), residem no *campus* e procriam normalmente (os filhotes migram).

Indicador: estimativa do número de pombos predados; estimativa da população de pombos e sua variação (dados inobtrusivos).

Foto 23 A • Ninho de gaviões na torre de iluminação

Foto 23 B • Torre com ninho

Foto 23 C • Detalhe do ninho
(Foto de André Carvalho, Núcleo de Fotografia, Curso de
Comunicação Social da UCB)

Foto 24 • Esqueleto de pombo predado

Central de Reúso

A UCB contribuía diariamente para o encurtamento da vida útil dos aterros locais. Sem nenhuma estratégia de reaproveitamento de resíduos e/ou coleta seletiva, a UCB levava ao lixão, em média, cinco contêineres de 1 mil litros de resíduos sólidos por dia. Isso acontecia devido ao descarte de materiais ainda servíveis.

Hoje, em vez de destacar certos materiais (móveis velhos, sucatas de diversos instrumentos, sobras de material de construção, pedaços de metais e madeira e outros), que, certamente, iriam aumentar o volume e poluir o ambiente, em lixões, são levados a uma Central de Reúso.

Trata-se apenas de uma área cercada, onde esses materiais são depositados e separados. Ali, periodicamente, a comunidade tem acesso para buscar e levar materiais e reaproveitá-los. Também estudantes e artistas reaproveitam sucatas e outros materiais descartados, para transformá-los em obras e/ou dar-lhes nova utilização.

A Central de Reúso é uma ideia simples. Promove benefícios sociais e reduz a pressão sobre os aterros, prolongando a sua vida útil.

Resultados:

Apenas em 2003, *17 toneladas* de materiais diversos foram doadas e reaproveitadas, ganhando novo uso (exemplo: um enferrujado parquinho infantil, agora recuperado e colorido, faz brilhar os olhos de crianças de uma cooperativa comunitária).

As estratégias reunidas da Central de Reúso, Coleta Seletiva e Preciclagem reduziram a produção de resíduos sólidos da UCB de cinco contêineres/dia para apenas um contêiner/dia. Esse contêiner reúne fraldas descartáveis, papéis higiênicos e guardanapos utilizados, embalagens engorduradas e outros. É meta transformar esses resíduos em adubo (projeto de alunos de Biologia e de Engenharia Ambiental) e zerar a saída de resíduos da UCB para o aterro do Distrito Federal.

Indicador: quantitativo de materiais doados (em toneladas).

Foto 25 • Central de Reaproveitamento (ou Reúso)

Foto 26 • Nova Central de Reúso

Foto 27 • Caminhão da Cooperativa 100 Dimensão leva materiais para reúso
(seriam descartados como "lixo")

Foto 28 A • Componentes da Cooperativa 100 Dimensão levam materiais para a Central de Reúso

Coleta seletiva

A palavra "lixo" não deve ser mais usada. Ela expressava "o que não presta, não serve pra nada". E isso não é verdade. A cultura do "lixo" deve desaparecer para dar lugar à cultura dos *resíduos sólidos* (matéria-prima a ser reaproveitada).

Em média, cada pessoa produz 1 kg de lixo por dia, no mundo. Considerando que somos 6 bilhões de seres humanos, pode-se imaginar a gigantesca quantidade de resíduos gerados.

Os sistemas naturais não conseguem mais metabolizar essa enorme quantidade de resíduos e, assim, esses são acumulados no ambiente.

Parece óbvio que esses hábitos de consumo não são sustentáveis. É necessário, portanto, promover ações efetivas de mudanças. A coleta seletiva e a reciclagem são partes dessa mudança.

Existem elos obrigatórios no processo da coleta seletiva para reciclagem. De nada adianta separar resíduos e depois ter de reuni-los novamente, às escondidas. Também não resolve separar resíduos e depois não ter para quem os entregar. E, finalmente, entregar para alguém que vai simplesmente levar tudo ao lixão ou aterro.

As etapas são as seguintes:

- geração do resíduo;
- coleta do material reciclável;

- centro de triagem para o material reciclável;
- mercado.

No PEA-UCB, a Coleta Seletiva foi uma das últimas etapas do projeto a ser implantada.

Somente depois de um longo esforço de sensibilização e identificação das parcerias (cooperativas), implantou-se, progressivamente, a coleta seletiva, iniciando-se apenas com papel, em setores dos escritórios, e ampliando até atingir todos os locais. (Ver adiante os Benefícios da Reciclagem.)

As pessoas tendem a se envolver em ações ambientais se vislumbrarem suas vantagens, inclusive os ganhos de retorno.

Operacionalização

Optou-se pela coleta seletiva simplificada, utilizando-se apenas três tipos de coletores: escuro (para não recicláveis), azul (para papéis) e vermelho (para metais, plásticos e vidros).

Como os coletores de metal, plástico ou fibra são muito caros, somente alguns desses foram utilizados. Foram usadas caixas de papelão feitas especialmente para essa finalidade, encomendadas em uma gráfica.

Na própria caixa foram inscritas informações sobre o que deveria e não deveria ser colocado ali, bem como as vantagens da reciclagem.

Também foi aposto o texto:

> *Quando reciclamos estamos contribuindo efetivamente para diminuir a pressão sobre os recursos naturais (economia de água e energia elétrica, redução de produção de resíduos sólidos, líquidos e gasosos, redução do consumo de matérias-primas e outros).*

Os coletores para a coleta de baterias de celulares e pilhas foram desenhados pelo PEA e fabricados pelos setores de marcenaria, serralheria e pintura da UCB, com uma boa dose de criatividade.

Foram realizados 12 Seminários de Informação e Sensibilização para o pessoal da limpeza e seis para o Corpo de Voluntários.

Resultados:

Metais, plásticos e vidros

Em 2003, foram reunidos *2.140 kg de material misto (plástico e vidro)* recolhidos pela coleta seletiva e entregues para reciclagem na Cooperativa 100 Dimensão.

Essa cooperativa opera em uma cidade tipicamente carente, próxima ao *campus* I da UCB (Riacho Fundo II). Suas atividades extrapolam o atendimento das 80 famílias filiadas, em suas necessidades subsistenciais. Promove, em suas dependências, qualificação profissional e inclusão social.

Foto 28 B • Cooperativa 100 Dimensão (Riacho Fundo, DF)

Um caso diferenciado é o das latinhas de alumínio. Elas têm "pernas" e vão sozinhas para a reciclagem!

Em 2003, cerca de *240 mil latinhas* foram encaminhadas para a reciclagem (em média, 1 mil latinhas/dia). Cada latinha contém em torno de 13 g de alumínio; logo, em 2003, *3,12 toneladas* desse metal foram encaminhadas para a reciclagem.

Sabe-se que a reciclagem de uma lata de alumínio economiza 95% da energia elétrica que seria gasta para produzir uma nova. Cada quilo de alumínio reciclado evita que se extraiam 5 kg de bauxita e todo o impacto ambiental dessa extração (desmatamento, erosão, assoreamento, poluição, consumo de água, energia elétrica e outros).

Foto 29 A • Caixas com instruções

Foto 29 B • Coletores adquiridos por parcerias

Foto 30 • Na sala dos professores e nos auditórios/eventos

Foto 31 • Voluntário com os coletores reduzidos

Papel

Em 2003, o *campus* I recolheu *23.880 kg* de papel, que foram encaminhados para a reciclagem (convênio com a Novo Rio Papéis), gerando uma receita de R$ 2.720,00, além dos benefícios socioambientais já descritos.

Sabe-se que, para cada 1t de papel levado para a reciclagem, evita-se o corte de 17 árvores adultas, em média (depende do tipo da árvore, do tipo do papel e do processo de fabricação). Assim, foi *evitado o corte de 405 árvores,* apenas em 2003.

Sabe-se também que 1t de papel reciclado economiza 10 mil litros de água, que seriam gastos no seu processo de produção. Dessa forma, o PEA-UCB contribuiu para uma *economia de 238 mil litros de água.*

Baterias de celulares e de pilhas

No *campus* I da UCB passam 20 mil pessoas diariamente (estudantes, funcionários(as), prestadores de serviços e visitantes). O PEA-UCB, por meio dos seus múltiplos processos, busca sensibilizá-las para a responsabilidade socioambiental.

O estabelecimento de pontos de coleta para baterias de celulares na UCB integra um conjunto de iniciativas nesse sentido.

Por conter vários metais pesados (chumbo, cádmio e mercúrio), as baterias de celulares não podem ser descartadas em lixões, pois representam um risco potencial de poluição das águas subterrâneas, cujas consequências são conhecidas (lesões no sistema nervoso, paralisias, indução de câncer e outros).

Foto 32 • Coletor para baterias de celulares

Foram coletadas *2.411* baterias de celulares durante dois anos, por meio da contribuição espontânea e efetiva das pessoas sensibilizadas. Segundo relatos, as baterias foram recolhidas de amigos, familiares, vizinhos e colegas de trabalho.

Ao deixar de jogar no lixão essas *2.411* baterias, essas pessoas evitaram a contaminação das águas subterrâneas por componentes químicos diversos, entre eles alguns metais como cádmio, chumbo, mercúrio, zinco e lítio (a depender do tipo e da categoria evolutiva da bateria), cujos efeitos sistêmicos são conhecidos apenas parcialmente.

Ao entregar essas baterias à concessionária responsável, no caso a Vivo (a única que se colocou à disposição), foi acionado um direito adquirido por meio da Resolução 257/99 do Conama (Conselho Nacional do Meio Ambiente) que disciplina o descarte e o gerenciamento ambientalmente adequado desses materiais e especifica em seu Artigo 3º:

Os estabelecimentos que comercializam os produtos descritos no Art.1º, bem como a rede de assistência técnica autorizada pelos fabricantes e importadores desses produtos, ficam obrigados a aceitar dos usuários a devolução das unidades usadas.

Foto 33 • Baterias de celulares recolhidas na UCB

Foto 34 • Voluntários entregam baterias na UCB (*campus* I e II)
Repórter e *cameraman* da TV Globo registram o pioneirismo

Foto 35 • Equipes da Vivo e do PEA

Foto 36 • Gerente da Vivo assina termo de recebimento e de compromisso

As *2.411* baterias recolhidas totalizaram 193 kg. A proporção de substâncias e/ou elementos químicos perigosos, neste montante, é de difícil discriminação, em virtude da grande variedade de baterias e de diferentes componentes químicos utilizados nos processos eletroquímicos. Entretanto, pode-se afirmar que esse montante representa um potencial capaz de contaminar águas subterrâneas e levá-las a representar perigo à saúde humana.

A coleta seletiva de pilhas, no momento da redação deste documento, estava sendo iniciada. Projeta-se o recolhimento de 30 mil pilhas/ano.

Indicadores: quantitativo de materiais enviados à reciclagem (em toneladas) de papel, plástico, metal e vidro; número de unidades de baterias de celulares e pilhas encaminhadas à reciclagem e ao reaproveitamento (e medidas respectivas, em quilogramas).

A coleta seletiva de pilhas recebe a mesma orientação, ressaltando-se porém, que as pilhas alcalinas brasileiras já não contêm metais pesados perigosos. O perigo reside nas pilhas importadas de países analfabetos ambientais (China, por exemplo).

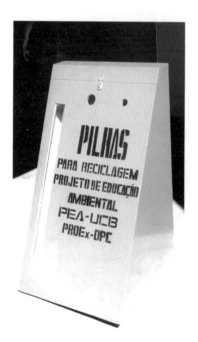

Foto 37 • Coletor para pilhas

No Distrito Federal, o PEA terminou fermentando discussões. Cerca de 50 mil pilhas foram reunidas pela coleta seletiva da UCB e de seus parceiros (escolas da rede pública e privada).

Compostagem

As folhas caídas e as aparas do gramado eram vistas como "lixo". Reunidas em sacos plásticos, ateava-se fogo ao conjunto (é crime ambiental atear fogo em plástico, uma vez que esse processo libera gases de substâncias cancerígenas para a atmosfera, principalmente dioxinas).

Seguindo o lema "Folha não é lixo", eliminou-se uma cultura de poluição, desperdício, descaso, mau exemplo e descumprimento das Leis Ambientais no *campus* I.

Folhas caídas e aparas do gramado são levadas para a compostagem, transformando-se em adubo orgânico (húmus). O processo é executado com o acompanhamento técnico dos alunos de Engenharia Ambiental.

Foto 38 • As células de compostagem

Foto 39 • Placas de formação (sensibilizando transeuntes): FOLHA NÃO É LIXO

Foto 40 • Procedimentos anteriores (folha e plástico no lixo)

Resultados:

O processo de compostagem demonstra como podemos aprender com os mecanismos da natureza. Nela nada se perde, tudo se recicla ou flui. A natureza não desperdiça, transfere. Alunos , funcionários e visitantes são estimulados a repetir esse processo em suas casas, escolas, comunidades.

Na UCB, a compostagem tem potencial para produzir *2 toneladas/ mês* de adubo orgânico (esse número se altera em função da estação do ano e em função do regime de podas dos gramados e queda de folhas).

Como o consumo não chega nem à metade disso, o excedente é doado para hortas comunitárias ou instituições beneficentes.

Dessa forma, além dos efeitos educativos e sociais, esse processo ainda gera uma receita de *US$ 1.400,00 ano (R$ 4.200,00 ano)*.

Durante o plantio de mudas e revitalização dos gramados do *campus* I foram utilizados 250 sacos de matéria orgânica proveniente da compostagem (40 kg cada). Isso representou uma economia de R$ 1.750,00 para a instituição (*US$ 650,00*).

O processo da compostagem é um exemplo de atividade autossustentada.

Na atualidade, 27 estudantes da Engenharia Ambiental cumprem uma parte de seus estágios no processo de compostagem.

Indicador: quantitativo de húmus produzido (toneladas/ano).

Memória de cálculo: no mercado, uma saca de 40 kg desse adubo custa em torno de R$ 7,00. Produzem-se 2 toneladas/mês ou 2.400 toneladas/ano. Por R$ 7,00 cada 40 kg, tem-se R$ 350,00/mês ou R$ 4.200,00/ano (*US$ 400,00/ano*).

Conservação de energia

A conservação de energia é formada por um conjunto de medidas que visa reduzir o consumo por meio da adoção de correções e promover a cultura de uso racional da energia elétrica.

Na fase do seu diagnóstico socioambiental, em 1999, o PEA-UCB estabeleceu um acordo de cooperação com Furnas S.A., que resultou no *Diagnóstico de Eficientização Energética da UCB*.

Esse documento, elaborado por engenheiros daquela empresa, após detalhada auditoria no *campus* I, revelou dados alarmantes a respeito do consumo de energia elétrica na universidade.

A UCB desperdiçava 45% da energia elétrica consumida internamente e 62% da energia elétrica consumida externamente.

Em valores aproximados, a instituição perdia R$ 25.000,00 por mês ou R$ 300.000,00 por ano (ou *US$ 100.000,00/ano,* valor do dólar em junho de 2004).

Essa perda foi atribuída à existência de equipamentos obsoletos, desperdício na rede, instalações inadequadas e, principalmente, desperdício por hábitos inadequados de uso.

Principais medidas tomadas:

- fixação de adesivos, ao lado dos interruptores, com o lembrete "Ao sair, apague";
- instalação de sensores automáticos (infravermelho) nos banheiros e corredores;
- sensibilização para o desenvolvimento de uma nova cultura de uso racional da energia elétrica (palestras);
- substituição de lâmpadas;
- substituição de reatores;
- substituição de luminárias com introdução de placas refletoras;
- substituição de transformadores deficitários.

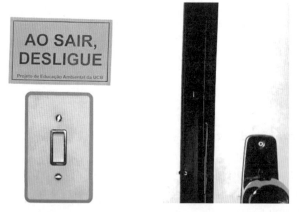

Foto 41 • Adesivo-lembrete

Foto 42 • Luminária antiga com quatro lâmpadas

Foto 43 A • Luminária nova com apenas duas lâmpadas e refletores, representando uma economia de 50%

Foto 43 B • Meta: energia eólica

Resultados:

Após as modificações sugeridas pelo relatório, em apenas quatro anos, o *deficit* foi zerado. Na atualidade, já se verifica uma redução em torno de 20% do consumo médio de energia elétrica no *campus* I, gerando um superávit de aproximadamente R$ 10.000,00 por mês ou R$ 120.000,00 por ano *(US$ 40.000,00)*.

Sugeriu-se que uma parte desse dinheiro fosse destinada à formação de um "Fundo Socioambiental", destinado a dar suporte a projetos socioambientais de iniciativa da comunidade acadêmica, bem como retroalimentar o metabolismo do próprio PEA (exemplo: publicações, promoção de eventos, premiações e outros).

Por outro lado, foram iniciados os contatos para a instalação de uma turbina eólica, para produzir energia elétrica e compor a matriz energética da UCB com fontes renováveis complementares. Os estudos de viabilidade envolvem uma avaliação do potencial eólico local.

Base de cálculo: (média de 45% e 62% = 50%, sobre R$ 53.420,00/mês, valor da conta de energia elétrica do *campus* I, base mês de abril de 2004). Economia: 20% sobre o valor da conta.

Indicador: percentagem de redução do consumo de energia elétrica (comparativo).

Conservação da qualidade sonora

O baixo nível de ruídos de fundo é um determinante crucial da qualidade sonora de um determinado ambiente. Níveis elevados de ruídos geram desconforto acústico, estresse, doenças nervosas e do aparelho auditivo. É um dos tipos de poluição mais graves e também o mais negligenciado, uma vez que os danos causados não são logo percebidos, acumulando-se sinergicamente ao longo dos anos.

No diagnóstico realizado na UCB foram identificadas várias fontes de geração de ruídos.

Contando com a cooperação de alunos do Curso de Física, coordenados pelo Prof. Sérgio Garavelli, o diagnóstico de qualidade acústica expandiu-se para diversas outras áreas, inclusive fora do *campus* I, chegando ao serviço de transporte público, hospitais e outras áreas públicas, chamando a atenção das autoridades para esse sério problema de saúde pública.

Resultados:

Para corrigir as não conformidades identificadas foram tomadas as seguintes medidas administrativas:

• desligamento/substituição de sirenes;

- revestimento de pés de carteiras;
- reescalonamento de horários de atividades específicas (minitratores utilizados para o corte de grama, uso de enceradeiras etc.);
- orientações para motoristas (buzina, som, sistema de exaustão) no *campus* I.

Indicador: número de reduções de agentes estressores da qualidade sonora.

Corpo de voluntários

O meio ambiente é formado pelas dimensões abióticas, bióticas e pela cultura humana. O ser humano, por meio da sua cultura, tornou-se a espécie dominante. Com isso, vem interferindo, de forma danosa, nos intrincados mecanismos de sustentação da vida na Terra.

Nas últimas décadas, felizmente, foi iniciado um processo global de reversão desse quadro. Tais ações estão sendo exercidas por governos, universidades, empresas, organizações comunitárias e pessoas, em todo o mundo, renovando as esperanças humanas de manutenção da qualidade ambiental e, em consequência, da qualidade de vida e dos meios necessários à sua sobrevivência e evolução.

A responsabilidade desse processo é de todos. Cada pessoa, em suas ações cotidianas, pode ser agente de transformação e de promoção da sustentabilidade ambiental e humana.

Nesse sentido, o trabalho voluntário apresenta-se como um processo eficaz, por meio do qual as pessoas podem oferecer parte do seu tempo em prol da sociedade.

A participação voluntária em trabalhos comunitários envolvendo a temática ambiental, por sua vez, configura-se como um poderoso instrumento de promoção da qualidade de vida, da responsabilidade socioambiental e, consequentemente, da sustentabilidade humana.

Sintonizado com essas premissas, o PEA-UCB oferece oportunidades para os alunos da UCB, oriundos de qualquer curso, participarem das múltiplas tarefas que promove.

O que é o trabalho voluntário

Voluntário é toda pessoa que, por solidariedade e responsabilidade, doa parte do seu tempo, trabalho e talento para ações que beneficiam e melhoram a vida de todos.

Voluntários são pessoas que prestam serviços não remunerados em benefício da comunidade, doando parte do seu tempo, esforço, talento e capacidade profissional para atividades de interesse coletivo. O valor do trabalho voluntário não depende da natureza de suas motivações (emocional, cultural, religiosa, política ou filosófica), mas sim da contribuição que pode oferecer para o fortalecimento da cultura solidária e a promoção do bem-comum.

O trabalho voluntário é uma tradição, em muitos países. Voluntários atuam nos serviços de saúde, educação, pesquisa e outros. É comum encontrá-los em hospitais, creches, corpo de bombeiros e outros setores.

No Brasil, o trabalho voluntário foi regularizado pela Lei 9.608/98 da Presidência da República.

Histórico do pioneirismo do trabalho voluntário do PEA-UCB

A participação de alunos da UCB em trabalhos voluntários, na área ambiental, principalmente nas unidades de conservação, nasceu em 1995, com a criação do Corpo de Voluntários do Parque Nacional de Brasília (Água Mineral).

Naquela ocasião, a primeira turma de voluntários foi formada com 100% dos participantes oriundos da UCB.

Desde então, a UCB vem ocupando a maioria das vagas do Corpo de Voluntários daquela unidade de conservação, a mais importante do Distrito Federal. O PEA capacitou estudantes das mais diversas áreas, para aquelas atividades, por meio de 12 cursos de formação para agentes ambientais voluntários.

Na atualidade, o PEA forma voluntários para atuação interna e externa.

Objetivos do trabalho voluntário no PEA-UCB

Da ação voluntária

Disseminar informações e sensibilizar as pessoas acerca das dimensões socioambientais, enfatizando os seus direitos e deveres com a sustentabilidade humana.

Da participação voluntária

Propiciar às pessoas a oportunidade de conhecer a dimensão ambiental e participar de ações em prol da proteção e melhoria da qualidade ambiental.

Voluntários atuam no apoio às múltiplas tarefas dos subprojetos, como a coleta seletiva, a compostagem, a central de reúso, a conservação de energia elétrica, a racionalização do uso da água e outros. Além disso, participam da promoção de eventos e de atendimentos a visitantes.

Os grupos atuam em horários e dias escolhidos por eles próprios, em função das suas disponibilidades.

Promove-se um minicurso de Formação em Ação Socioambiental Voluntária, com duração de uma manhã (sábado). Aborda-se a dimensão ambiental local, com foco em seus problemas e nas alternativas de soluções. Apresenta-se o PEA-UCB como contribuição efetiva aos desafios identificados.

Ao final de 50 horas de trabalho voluntário, é expedido um certificado.

A experiência que o voluntário adquire, nenhuma outra prática universitária preenche.

A participação em trabalhos voluntários, na atualidade, é um item muito importante e valorizado no currículo pessoal.

Por meio do trabalho voluntário, a pessoa desenvolve a sensibilidade e a percepção, amplia as habilidades individuais, a capacidade de análise, síntese, reflexão e avaliação da sua realidade socioambiental, aumenta sua autoestima, bem como sua capacidade de iniciativa, promovendo a autoconfiança; desenvolve a capacidade de escolha e de tomada de decisão, assim como a habilidade de conviver e trabalhar em grupo; promove a capacidade de identificar problemas e nomear alternativas de soluções e, reconhecidamente, desenvolve a competência para a liderança e para a responsabilidade. A pessoa voluntária tem a oportunidade de expressar seus talentos e desenvolver novas competências e habilidades.

As inscrições estão sempre abertas, pois novos grupos estão sendo constantemente organizados.

Resultados:

Em 2003, 35 voluntários estiveram atuando em diversas atividades dos subprojetos internos do PEA, destacando-se as ações direcionadas à sensibilização das pessoas sobre a importância da coleta seletiva e as demais iniciativas de sintonia com as premissas da sustentabilidade humana e monitoraram processos e participaram de eventos diversificados.

Indicador: Número de voluntários atuantes no PEA-UCB em 2003.

Foto 44 • Alunas da UCB participantes do Corpo de Voluntários do PEA-UCB

Foto 45 • Alunas da UCB participantes do Corpo de Voluntários do PEA-UCB

Foto 46 • Entrega do primeiro Certificado do Corpo de Voluntários do PEA-UCB
(Cleusa Lisboa Barbosa, Curso de Letras)

Foto 47 • Alunos da UCB como voluntários no Parque Nacional de Brasília

Encontro de educadores ambientais do Distrito Federal (DF)

O Distrito Federal (DF) detém um dado estatístico nada admirável: é uma das unidades da federação menos evoluída, em termos de iniciativas sistêmicas de educação ambiental, em sua rede de educação pública e privada. Existem ações pontuais, estocásticas e eventuais, normalmente iniciadas por abnegadas(os).

O DF foi também o último a formar a Rede de Educadores Ambientais, já presentes em 19 unidades da Federação brasileira. Finalmente, uma parceria reunindo o PEA-UCB, a Escola da Natureza, a Secretaria de Educação do DF e o Ibama-Brasília, o processo foi iniciado em 28 de maio de 2004, no *campus* I da UCB.

A Rede é reconhecida como um poderoso instrumento de difusão do processo de EA, facilitando a costura de cooperações em diferentes níveis de ação, como formação, atualização, elaboração de recursos instrucionais, pesquisas e informações sobre oportunidades de intercâmbios e atuações em educação ambiental.

O encontro reuniu 172 educadores ambientais do DF.

Foto 48 • Promoção do I Fórum Ambiental da Rede Pública de Ensino do DF

Indicador: número de educadores ambientais que participaram do evento.

Ilha de Sucessão

O objetivo da Ilha de Sucessão é demonstrar os mecanismos que a natureza dispõe para dispersar as espécies de plantas; identificar as interações entre diferentes fatores ambientais (ventos, insetos, aves e atividades humanas), além de mostrar que a vegetação nativa não precisa de cuidados especiais para se manter, dada a sua adaptação milenar às condições do Bioma Cerrado.

A preferência por gramados, em Brasília, é uma contradição. As gramíneas utilizadas não estão adaptadas às rigorosas condições ambientais do cerrado. Com isso, necessitam de excessivos e caros cuidados de manutenção (água para irrigação, energia elétrica, corte periódico, combustível, homens/hora, adubos, corretivos e biocidas diversos).

Nesta região, deveria ser utilizada a vegetação ornamental nativa; porém, a academia, influenciada pela cultura europeia, associa o urbanismo aos gramados, nutrindo preconceitos sobre a vegetação nativa.

A Ilha de Sucessão foi concebida buscando promover uma reflexão sobre algumas práticas que nos são impostas por modelos estabelecidos, baseados em valores e estéticas, muitas vezes, dissociados das nossas características e realidades.

Em uma área gramada, fez-se um círculo com 5 m de raio e retirou-se toda a grama, deixando o solo exposto. A partir daí, passou-se a fotografar a área, a cada mês.

Resultados:

Em um mês já se notava a presença de plantas colonizadoras. Essas espécies são especializadas em preparar o terreno (reduzindo a temperatura do solo) para a chegada de espécies herbáceas e arbóreas, estabelecendo os elos da sucessão ecológica.

Suas sementes são trazidas nas fezes das aves, nas patas dos insetos, pela ação dos ventos e até nas roupas das pessoas. Em alguns meses, estabeleceram-se pequenos arbustos e, em um ano, arbustos maiores, com flores. Foram identificadas *17 espécies*, nos primeiros três anos.

Em seguida, apareceu a fauna, formada principalmente por insetos (formigas, cupins, borboletas e outros) e depois aves (beija-flores, principalmente). Foram avistados alguns lagartos também. Fungos e liquens estão presentes. Algumas aves fazem dessa "ilha" o local preferido para buscar os seus "petiscos".

Em agosto de 2005, os alunos Ciro de Sousa e Marcelo Lattarulo Campos encontraram 20 espécies diferentes de plantas dentro da ilha, três a mais que o levantamento anteriormente realizado.

Entre as famílias identificadas foram encontradas uma *Asteraceae*, duas Leguminosas, uma *Ericaceae* e quatro espécies de Gramíneas, todas típicas do Cerrado e próprias de um estádio de sucessão primária, o que significa que uma possível recuperação da área por espécies do Cerrado está acontecendo.

Serão necessários mais observações e alguns anos para confirmar esta assertiva, até que a vegetação da área seja típica de um Cerrado em estádios mais avançados.

A Ilha de Sucessão é o "xodó" dos alunos do Curso de Biologia. Está sempre recebendo visitas. É um laboratório natural a céu aberto, onde a natureza expresa claramente os seus intrincados processos.

Foto 49 • Retirando o gramado

Foto 50 • Após um mês, surge a primeira espécie colonizadora

Foto 51 • Dois anos depois: 17 espécies presentes

Foto 52 • Flores do Cerrado na Ilha de Sucessão

Foto 53 A • Alunos visitam a Ilha de Sucessão

Indicador: número de espécies vegetais presentes; porcentagem da ilha com cobertura vegetal.

Parcerias e interações intra e extrainstitucional

O PEA caracteriza-se por tecer uma extensa teia de parcerias e interações, dentro e fora da UCB.

Na UCB, interage, praticamente, com todos os seus setores. Essa interação ocorre por meio da promoção de palestras, oficinas e orientações para trabalhos acadêmicos, jornalísticos e neoempresariais (empreendedorismo), para alunas(os) dos cursos de:

- Direito;
- Letras;
- Relações Internacionais;
- Engenharia Ambiental;
- Física;
- Fisioterapia;
- Biologia;
- Nutrição;
- Comunicação Social;
- Educação Física.

Foto 53B • Alunos do Curso de Nutrição conhecendo o PEA

Conta com parcerias de diversos projetos da extensão (Cultura de Paz, Atendimento ao Estudante, Promoção das Artes, DPE – Diretoria de Programas de Extensão, Coordenadoria de Cidadania e Direitos Humanos e outros).

Articula-se ainda com a Pró-Reitoria de Administração por meio dos subprojetos na estrutura funcional da UCB (Conservação de Energia, Racionalização do Uso da Água, Coleta Seletiva, Preciclagem, Central de Reúso, Compostagem e outros).

A atuação abrange ainda participações na promoção de eventos como:

- Acolhida aos Calouros;
- Curso de Formação de Professores;
- Semana da Biologia;
- Semana da Engenharia Ambiental;
- Semana da Prevenção de Acidentes de Trabalho (Sipat);
- Semana das Relações Internacionais;
- Semana Universitária;
- Curso de Acolhida aos Novos Funcionários.

As parcerias abrangem empresas e ONGs, destacando-se:

- Telecomunicações, Vivo (coleta seletiva de baterias de celulares);
- Energia elétrica, Furnas S.A. (auditorias de eficientização energética);
- Coleta seletiva, Cooperativa 100 Dimensão (recolhimento de resíduos – plástico, metal, vidro e papel);
- Escola da Natureza, Secretaria de Educação do Governo do Distrito Federal;
- Ibama, Parque Nacional de Brasília (Corpo de Voluntários).

A parceria com Furnas Centrais Elétricas S.A., uma das pioneiras no PEA-UCB, resultou no relatório de eficientização energética. A empresa dispensou o pagamento de R$ 9.000,00 (*US$ 3.000,00*), referente aos gastos com a auditoria, como forma de incentivo às atividades de conservação de energia e por reconhecer o pioneirismo da UCB nessa área.

Indicador: número de parcerias efetivadas.

Participação em eventos e atendimentos de demandas externas

Há uma grande demanda de solicitações para o PEA, no sentido de apresentar o seu processo em empresas, universidades e eventos diversos. Em 2003, a coordenação do projeto atendeu a 27 convites para proferir palestras, conferências e participar de mesas-redondas, em diversos estados do Brasil.

A equipe do PEA também atende pessoas ou grupos de visitantes e escolares que buscam conhecer as atividades do Projeto, no *campus* I. Em 2003, ocorreram 25 atendimentos dessa natureza.

Indicador: número de palestras proferidas em 2003; número de atendimentos de visitantes.

Política ambiental da UCB

A instituição pública ou privada que ainda não apresenta, de forma definida, a sua posição em relação à questão ambiental, expõe, de forma indisfarçável, a sua falta de compromisso social e de sintonia com os desafios e as tendências evolucionárias da sociedade humana.

A temática ambiental há muito extrapolou o ambiente acadêmico ou poético, onírico ou apocalíptico, utópico ou radical, para assumir lugares estratégicos, nas mesas de negociação econômica e nas agendas de discussões políticas.

A dimensão ambiental, agora longe apenas das manifestações de denúncias, assume dimensões jurídicas, políticas, educacionais, científicas e tecnológicas. Junto ao turismo e à informática, a área ambiental é a maior geradora de novos empregos no mundo.

A UCB não tinha uma política ambiental definida. Em maio de 2000, o PEA propôs uma minuta de política ambiental para a UCB, que, levada ao Conselho de Ensino, Pesquisa e Extensão, foi apreciada, ajustada e aprovada.

Eis o seu teor:

A política ambiental da UCB abrange todas as atividades de Ensino, Pesquisa e Extensão, em seus diversos setores.

Essa política é comunicada, implementada e mantida em todos os níveis de organização da Instituição, bem como tornada pública através dos meios de comunicação, encontrando-se à disposição das partes interessadas, na instituição.

Inclusão da dimensão ambiental em todos os cursos
Promover a inclusão da dimensão ambiental, em todos os seus cursos, de modo a proporcionar aos cursandos(as), uma visão global das questões ambientais, habilitando-os(as) a participarem de ações em prol da sustentabilidade humana.

Redução de efluentes e resíduos
Promover ações, visando assegurar padrões de excelência operacional, visando a redução e produção de efluentes e resíduos em suas instalações, por meio da aplicação de normas de controle e monitoramento.

Eliminação do passivo ambiental
Prevenir e eliminar qualquer forma de passivo ambiental, resultante de suas atividades.

Aprimoramento contínuo/Prevenção da poluição
Promover o aprimoramento contínuo do desempenho ambiental, priorizando novas tecnologias e otimização dos processos operacionais da instituição.

Comunicação com as partes interessadas
Exercer diálogo permanente com as partes interessadas – funcionários(as), alunos(as), fornecedores, comunidade, órgãos de controle ambiental – por meio do Projeto de Educação Ambiental e de outras atividades de Comunicação Social.

Cumprimento da legislação ambiental
Promover a correção e o aperfeiçoamento contínuo dos seus processos, no sentido de tornar a instituição ambientalmente correta.

Preciclagem

Preciclar é dar preferência a produtos que não agridem o meio ambiente. Ela ocorre quando você dá preferência a produtos que comprovadamente exibam cuidados com o meio ambiente – sabão biodegradável, papel reciclado, *sprays* sem CFCs, produtos com embalagens isentas de isopor e outros.

Agindo dessa forma, estimulam-se as indústrias que investem na evolução dos seus produtos, tornando-os ambientalmente corretos, deixando nas prateleiras aqueles produtos das indústrias obsoletas que ainda agridem o ambiente.

A adoção da preciclagem é uma orientação da política ambiental da UCB aos setores de compras e contratos. Assim, dá-se preferência para aqueles produtos que já trazem, em sua linha de produção, preocupações com a manutenção e melhoria da qualidade socioambiental. Essa prática vai desde a exigência de cumprimento de normas ambientais na contratação de ônibus (sem fumaça negra e ruídos) até a certificação da biodegradabilidade de certos produtos.

Devido às suas características, a prática do processo da preciclagem apresenta um alto potencial de redução de impacto ambiental, pois o elimina na fonte.

Prêmio UCB de Educação Ambiental (EA)

O Prêmio UCB de Educação Ambiental visa estimular a prática interdisciplinar sobre as diferentes questões socioambientais do Distrito Federal, no meio escolar (formal), identificando suas causas, consequências, alternativas de soluções e configurações de ações individuais e coletivas que possam promover melhorias na qualidade de vida.

Os trabalhos selecionados serão apresentados em uma convenção de amostras de trabalhos interdisciplinares.

Prevê-se a disponibilidade das informações sobre o concurso, na página institucional, na internet. Ali estarão o regulamento, as orientações sobre os fundamentos e marcos referenciais da EA que deverão ser seguidos e os formatos dos projetos.

Indicador: número de participantes.

Obs.: ainda não implantado.

Produção de recursos instrucionais (formação e informação)

Para auxiliar no processo de formação e informação do PEA, foram produzidos diversos recursos instrucionais, destacando-se:

1. O livreto *55 ações individuais para a sustentabilidade* (Dias, 2001)

Este livreto contém um conjunto de sugestões/recomendações de atitudes e decisões que podem ser tomadas pelas pessoas, independentemente das imposições das leis ou da sua posição dentro da sociedade, que podem representar, em conjunto, uma importante contribuição para a redução das agressões que a espécie humana impõe sobre os sistemas naturais.

Tiragem: 15 mil exemplares.

2. O livreto *Elementos para a percepção das questões ambientais* (Dias, 2001)

Trata-se de uma síntese didática, objetiva e atualizada dos principais desafios socioambientais (os problemas, suas causas, consequências e soluções) vistos sob seus aspectos sociais, econômicos, políticos, ecológicos e éticos, objetivando proporcionar uma visão sistêmica, crítica e autocrítica dos nossos desafios evolucionários.

Tiragem: 3 mil exemplares.

Foto 54 • Recursos instrucionais produzidos para o PEA

Racionalização do uso da água

Tem como objetivo difundir práticas responsáveis de consumo desse recurso natural e implantar medidas de economia.

O diagnóstico socioambiental haveria detectado um gasto excessivo de água, no *campus* I, mesmo comparando os valores de consumo da UCB com os valores de áreas de maior consumo na cidade (Lago Sul).

Esse excesso ocorria devido à existência de grandes perdas na rede (vazamentos), de equipamentos obsoletos (vasos sanitários com descargas de até 25 litros, torneiras com volume excessivo) e de hábitos de consumo inadequados (torneiras abertas por muito tempo, uso de mangueiras com fluxo contínuo e irrigação de plantas e gramados em horários impróprios).

O PEA-UCB ajudou a promover a otimização do uso da água.

Medidas:

- identificação de perdas na rede e reparação;
- implantação do reúso da água nos prédios novos;
- plantio de espécies de Cerrado que dispensam a irrigação;
- reescalonamento dos horários de irrigação dos gramados;
- substituição de descargas dos vasos sanitários por sistemas mais econômicos;
- colocação de adesivos sensibilizadores nos locais de consumo de água (lavatórios, descargas, torneiras e outros);
- substituição das torneiras tradicionais por torneiras automáticas.

Foto 55 • Prédio equipado com reúso da água

Foto 56 • Adesivo de sensibilização:
ÁGUA: CONSCIÊNCIA AO CONSUMIR e pia com torneira automática

Nos prédios novos, pratica-se o reúso da água. Águas utilizadas para lavar as mãos e para tomar banho são coletadas em um tanque subterrâneo, onde se juntam à água das chuvas ali armazenada. Essas águas são bombeadas para caixas-d'água especiais que as distribuem, para dar descargas em vasos sanitários.

Não tem sentido continuar usando água potável, tratada com cloro e flúor, para dar descargas em vasos sanitários.

Para o futuro, pretende-se utilizar a área demonstrada na fotografia abaixo para armazenar a maior parte da água de chuva que chega ao *campus* I e promover o seu reúso.

Foto 56 A • Buraco escavado pela erosão, a ser transformado
em tanque subterrâneo para captação de água de chuva

Além da economia, a prática do reúso da água é uma demonstração clara e efetiva da responsabilidade socioambiental da UCB, diante dos desafios evolucionários colocados à frente da sociedade humana. É uma atitude pró-ativa e exemplificadora.

Resultados:

Após o estabelecimento das medidas de racionalização de uso, a conta da água do *campus* I da UCB sofreu uma redução média de 15%, resultando em uma economia mensal em torno de R$ 7.000,00 ou R$ 84.000,00 anuais (*US$ 28.000,00/ano*).

Com a intensificação da ampliação dos sistemas de reúso da água e sua utilização para irrigação e descargas sanitárias, estima-se uma economia de até 80%.

Base de cálculo: conta mensal da água no *campus* I: R$ 43.899,00 (abril, 2004).

Indicador: redução do volume de água consumida (porcentagem).

Redução do consumo de combustíveis fósseis

A redução de consumo de combustíveis fósseis (gasolina e óleo *diesel*) é um imperativo da responsabilidade socioambiental.

A queima desses combustíveis responde pela maior parte das emissões de gás carbônico que acentuam o efeito estufa (aumento da temperatura média global induzindo mudanças climáticas, causando inundações, secas, doenças e muitos outros transtornos com sérias e cruéis consequências sociais, econômicas, políticas e ecológicas).

O diagnóstico socioambiental revelou que o setor de transporte carecia de uma reformulação de procedimentos. Havia desperdício de combustível por falta de racionalização de trajetos e por operacionalização da frota, fora das especificações (pneus descalibrados, sistema de exaustão deficientes e outros).

Havia também problemas com a manutenção, no que tange à lavagem dos carros, à troca de óleo e do manuseio dos combustíveis.

Diante disso, o PEA elaborou um conjunto de recomendações e orientou para as observações dos parâmetros estabelecidos pela Legislação Ambiental Brasileira (Normas do Conselho Nacional do Meio

Ambiente), ou seja, sem emissão de fumaça negra e sem poluição sonora, entre outras exigências.

Recomendou-se especificamente:

- realizar a regulagem sistemática dos motores para evitar o desperdício e reduzir o impacto negativo do uso (poluição do ar e poluição sonora);
- fazer a calibragem sistemática dos pneus (uma das maiores fontes de desperdício de combustível);
- orientar para a condução eficiente dos veículos;
- promover a inclusão de veículos movidos a álcool e/ou ao gás natural;
- promover o transporte solidário;
- racionalizar trajetos;
- reduzir ao mínimo possível o uso da buzina.

Resultados:

As medidas adotadas, a partir de maio de 2001, geraram uma notável redução de problemas anteriormente apresentados pelo setor. A poluição gerada nas operações na garagem (derramamento de óleos e outros) praticamente desapareceu. A frota passou a efetuar troca de óleo em locais adequados, dotados de destinação do óleo usado para rerrefino (fabricação de graxas e outros lubrificantes mais densos).

Os relatos de carros da frota com emissão de fumaça negra e de ruídos excessivos de exaustão ou buzinas também foram eliminados.

Entretanto, a redução mais evidente foi a economia de combustível, estimada pelo setor em torno de 15%, ou seja, foram economizados 9.144 litros de combustíveis/ano. Considerando-se o preço médio da gasolina (julho, 2004: R$ 2,00) houve uma economia de R$ 18.288,00 ano ou *US$ 6.096,00/ano* (dólar a R$ 3,00).

Essa redução de consumo de combustíveis fósseis (9.144 litros) deixou de emitir para a atmosfera *24.049* toneladas de CO_2/ano (segundo fator de conversão: (Vine et al., 1991): 2,63 kg CO_2/litro). Essa é uma contribuição efetiva para a redução do efeito estufa e das suas mazelas sociais, econômicas, políticas e ecológicas associadas (secas, inundações, clima errático, perda de safras e intempéries catastróficas diversas).

	1999	Atual
Frota de UCB	11	09
Consumo de combustível (litro/ano)	30.096	20.952
Emissão de CO_2 (tonelada/ano)	79.152	55.103

Indicador: porcentagem de redução de consumo de combustíveis.

Replantio de espécies nativas

Promoveu-se uma campanha para trazer de volta ao *campus* I a fitofisionomia dos Cerrados, banida pelo cultivo dos gramados.

Em um ano, foram plantadas 380 mudas de árvores nativas do Cerrado, no *campus* I. Ipês (amarelo, branco e roxo), jatobás, jacarandás, mognos, pequis e outros passaram a compor a nova fitofisionomia da área. A maior parte dessas mudas foi retirada do próprio *campus*, de áreas que estavam sendo preparadas para construções.

Para o plantio, foram convidados alunos de diversos cursos e os calouros, na Semana da Acolhida. Os estudantes de medicina plantaram ipês-brancos.

As espécies foram selecionadas seguindo critérios técnicos-estéticos-adaptativos. Os locais foram escolhidos de modo a evitar danos nas instalações subterrâneas (esgotos, cabos telefônicos e de energia elétrica), proximidades a centrais elétricas e calçadas, por exemplo. Evitou-se o plantio de espécies com excesso de grãos de pólen (que poderiam provocar alergias).

Durante a Semana da Biologia, um grupo de alunos procedeu à plantação de um tipo de árvore, com um caráter e propósito especial: mognos. Somente depois de 50 anos elas se tornarão adultas. O gestor do PEA já não estará mais presente, na forma física.

A ideia é promover a prática de ações que irão beneficiar pessoas que ainda não nasceram.

Foto 57 • Alunos da Biologia plantam mognos

Foto 58 • Um ano depois

Foto 59 • Dois anos depois

Indicador: número de mudas plantadas.

Transplante de árvore: um símbolo

O primeiro grande teste para medir o grau de sensibilização e comprometimento dos funcionários com a temática ambiental, após os seminários de sensibilização, ocorreu por conta de um evento comum, no dia a dia da instituição.

Um dia, um engenheiro de uma firma prestadora de serviços estabelece o seguinte diálogo com um funcionário da UCB:

– *Corte aquela árvore.*

– *Por quê?*

– *Vamos ampliar aquele prédio e construir uma sala de reuniões, e aquela árvore está bem no meio da área em que vamos construir.*

– *Não posso fazer isso.*

– *Por que não?*

– *Aquela árvore foi plantada pelos alunos, há oito anos. Eu mesmo os ajudei a plantá-la.*

– *E daí? É apenas uma árvore.*

– *Não posso fazer isso, não é certo.*

– *O que você sugere?*

– *Vamos perguntar ao pessoal do PEA.*

A Coordenação do PEA foi consultada e sugeriu-se o transplante da árvore. Ouve-se do engenheiro:

– *Isso é um absurdo. Vai atrasar as obras. Onde já se viu!*

Ouve-se dos administradores da UCB:

– *Além disso, vai sair muito caro!*

O funcionário retruca:

– *Quanto custa uma árvore com oito anos de idade, plantada pelos alunos?*

Fim de conversa. O transplante foi feito, conforme as fotografias a seguir.

Foto 60 • Preparando o transplante da árvore

Foto 61 • Alunos do Centro Educacional UCB são convidados para a acompanhar o evento

Foto 62 • A árvore é retirada pelo guindaste

Foto 63 • A árvore sendo levada para o seu novo local

Foto 64 • A cova previamente preparada (adubada)

Foto 65 • Chegando ao seu novo local

Foto 66 • Conduzindo os ajustes finais
(À direita o paisagista Bráulio A. Calvoso Silva, responsável técnico da operação)

Foto 67 •
A árvore em seu novo local, dois meses depois

Foto 68 •
A árvore com a placa histórico-descritiva

Foto 69 • Na floração, com plena saúde

Foto 70 • Alunos visitam a árvore transplantada

Foto 71 • A nova sala construída onde estava a árvore

Custos e Benefícios do PEA

Pode-se resumir, como segue, alguns custos e benefícios do PEA.

Fato	Custo socioambiental	Ações do PEA	Benefícios socio-ambientais gerados (alguns)	Custos para execução	Retorno (US$/ano) US$ 1,00 = R$ 3,00
Maus-tratos de aves silvestres; crescimento da população de pombos e ratos no campus; indignação e desapontamento dos estudantes.	Comprometimento da imagem da UCB; Desrespeito e falta de ética; perda da qualidade de Vida no Campus I; simplificação e desestabilização do ambiente natural do campus.	Replantio de árvores melíferas; atração de aves silvestres; proteção dos ninhos; sensibilização das pessoas; estabelecimento de projeto de pesquisa e monitoramento.	Retorno das aves silvestres ao campus; controle biológico do excesso de pombos e ratos, por gaviões; redução do uso de venenos e melhoria da qualidade de vida no campus.	Não houve custos adicionais; os trabalhos foram executados por alunos integrantes do Corpo de Voluntários do PEA.	**1.600,00** (referentes a despesas com materiais e mão de obra para matar pombos e ratos).
Grande quantidade de materiais ainda serviveis da UCB era disposta aleatoriamente na área do campus e alguns dirigidos aos lixões do DF.	Poluição da água subterrânea da comunidade e do Parque Ecológico do Areal; poluição estética e demonstração de desorganização, desinteresse, incompetência e descompromisso socioambiental da instituição.	Implantação da Central de Reúso Encaminhamento de 17 toneladas de materiais para o reaproveitamento.	Contribuição para a ampliação da vida útil dos aterros públicos; redução de poluição (água e estética); cooperativa comunitária beneficiada com a doação de materiais.	Não houve custos adicionais. As pequenas obras para a construção da Central de Reúso fizeram parte dos trabalhos cotidianos da UCB.	**15.000,00** Referentes aos materiais doados e à oferta de novos serviços.
Baterias de celulares eram encontradas nos coletores de lixo da UCB.	A UCB estava contribuindo para ameaçar as águas subterrâneas com substâncias cancerígenas (mercúrio, cádmio e chumbo).	Coleta seletiva de baterias de celulares.	2.411 baterias recolhidas, evitando o descarte de 193 kg de sólidos perigosos para o ambiente.	Sem custos adicionais.	A ação gerou mídia espontânea na televisão (inclusive TV a cabo internacional) e nos jornais. Valor estimado (3 min x US$30 mil): **90.000,00**.

(continua)

Fato	Custo socioambiental	Ações do PEA	Benefícios socio-ambientais gerados (alguns)	Custos para execução	Retorno (US$/ano) US$ 1,00 = R$ 3,00
Desperdício de energia elétrica e equipamentos obsoletos geravam uma perda anual de R$300.000,00.	Descompromisso ético da UCB; aumento da pressão de demanda por energia elétrica, levando a mais investimentos em hidrelétricas e termelétricas, produzindo mais danos ao meio ambiente	Realização do Diagnóstico de Eficientização Energética por Furnas (cooperação técnica).	Anulação do derperdício de energia elétrica, seguido de 20% de economia.	**US$17.000,00** em novos equipamentos.	**100.000,00** dos desperdícios evitados; **40.000,00** da economia obtida após a eliminação das perdas.
Conta de água muito elevada devido a perdas na rede e a desperdícios.	Indicador de falta de responsabilidade socioambiental, descaso da instituição; perda anual de 20% do valor da conta paga.	Realização de diagnóstico; adoção de medidas corretivas e educativas.	Anulação do desperdício seguido de redução do consumo, em torno de 15%.	Em torno de **US$9.000,00** com equipamentos.	**28.000,00** economizados na conta de água do *campus* I.
Papéis jogados no lixo; ausência de coleta seletiva.	Desperdício de papel, contribuindo para o abate de árvores, poluição e consumo de água acoplados ao consumo de papel; descompromisso da UCB.	Implantação da coleta seletiva de papel, precedida do processo de sensibilização e de estabelecimento de termos de cooperação com a empresa Novo Rio Papéis.	23 toneladas de papel /ano, levadas à reciclagem, resultando na economia de 238 mil litros de água, evitando o corte de 405 árvores e demandas de energia elétrica e emissão de gases estufa nos processos de extração e transporte.	**US$200,00** anuais referentes aos custos das caixas de papelão utilizadas como coletores.	Receita de **906,00** anuais, referentes à venda das 23 toneladas de papel à Novo Rio Papéis.

(continua)

Fato	Custo socioambiental	Ações do PEA	Benefícios socio-ambientais gerados (alguns)	Custos para execução	Retorno (US$/ano) US$ 1,00 = R$ 3,00
Folhas caídas e aparas de gramado eram tratadas como lixo, acondicionadas em sacos plásticos e incinerados.	Mau exemplo, demonstração de descompromisso da instituição. A queima de plástico é crime ambiental pois libera para a atmosfera, gases de substâncias cancerígenas.	Implantação do processo de compostagem	Eliminação de passivo ambiental. Bom exemplo de prática sintonizada com as premissas da sustentabilidade. Produção de adubo orgânico; ajuda a instituições beneficentes com a doação da produção excedente.	Em 2003 não houve custos adicionais. Os trabalhos foram incorporados à rotina normal da UCB.	**2.050,00** referentes à produção de adubo orgânico
Frota da UCB com manutenção, procedimentos e instalações fora das especificações ambientais.	Alto consumo de combustíveis fósseis, desperdício e poluição (atmosférica, sonora e do solo).	Implantação das recomendações e orientações para a racionalização do uso de combustíveis fósseis.	Redução de 15% do consumo de combustíveis fósseis com consequente redução dos custos e danos socioambientais associados.	Não houve custos adicionais, apenas a incorporação de novos procedimentos.	**6.096,00** referentes à economia apurada em função das medidas adotadas.

Benefícios indiretos

Muitos benefícios do PEA-UCB são indiretos e não são visíveis no local onde o processo ocorre. Eis alguns exemplos:

Reciclagem
Um dos benefícios mais importantes da reciclagem é a recuperação de recursos naturais (matéria-prima), por meio da reutilização, reciclagem e reprocessamento de materiais antigamente tidos como lixo.

Ao fazer isso:
Diminui a exploração dos recursos naturais, quando se buscam matérias-primas, poupando os ecossistemas de:
- desflorestamentos;
- destruição de *habitat*;
- pressão sobre a biodiversidade;
- queimadas;
- erosão;
- perda de solo fértil e queda da produtividade agrícola;
- assoreamento dos rios e lagos, com danos à fauna aquática e à qualidade da água.

Reduz o consumo de água e de energia elétrica.

Reduz a poluição causada por emissões de gases poluentes e por resíduos sólidos gerados nos processos de extração e industrialização de matérias-primas.

Reduz a quantidade de lixo a ser levada para os aterros sanitários, aumentando a sua vida útil. Evitam-se os produtos da decomposição do lixo, ou seja, o *chorume* (um líquido escuro, contaminador de águas subterrâneas) e o *gás metano* (que aumenta o efeito estufa).

Os materiais reciclados, além de serem utilizados como substitutos de matérias-primas, podem produzir um novo tipo de material (deixando os recursos naturais em paz).

A reciclagem também representa uma grande oportunidade econômica e social, pois gera emprego e renda, por meio da organização de cooperativas comunitárias. O que antes era um problema (o "lixo"), passa a ser uma solução.

Melhoria das condições de saúde da população, eliminando as doenças relacionadas com o lixo.

O que é poupado como reaproveitamento de materiais

• Cada tonelada (1.000 kg) de papel fabricado com sobras de papel evita a derrubada de 40 a 60 árvores de eucalipto com oito anos de idade. Além disso, o método consome apenas metade da energia gasta no processo tradicional e utiliza uma quantidade de água cinquenta vezes menor.
• Uma tonelada (1.000 kg) de plástico reciclado economiza 130 quilos de petróleo, que é uma fonte esgotável.
• Uma tonelada (1.000 kg) de aço reciclado pode significar uma economia de 1.140 quilos de minério de ferro, 454 quilos de carvão e 18 quilos de cal. A reciclagem de uma tonelada de latas de alumínio economiza 95% de energia, dispensando a extração de 5 toneladas de bauxita e eliminando a geração da lama vermelha altamente poluente.
• A energia gasta para reciclar uma tonelada (1.000 kg) de vidro é 70% menor do que a fabricação do mesmo produto.
• A cada 100 toneladas de plástico reciclado, economiza-se uma tonelada de petróleo.

O Brasil, hoje, é o segundo maior reciclador do mundo. Mas, por enquanto, esse título deve-se mais à exclusão social do que a medidas governamentais de apoio à causa socioambiental.

Despesas demandadas pelo PEA (em US$/ano)

Coordenação do PEA (25 h/semanais, doutor) 17.104,00
Tainá (bolsa, 20 h/semanais) 1.200,00
Orçamento anual do PEA 2.000,00

Investimentos demandados pelo PEA à UCB:

Equipamentos para a conservação de energia 17.000,00
Equipamentos para a racionalização da água 9.000,00

Caixas de papelão para a coleta seletiva 200,00
Total **46.504,00**

Receitas catalisadas pelo PEA (em US$/ano)

Economia na aquisição de biocidas e mão de obra para
o controle da população de pombos.................................... 1.600,00
Material da Central de Reúso (17 t) 15.000,00
Mídia espontânea (Globo News Internacional, 3 min) 90.000,00
Economia de energia elétrica... 40.000,00
Economia de água.. 28.000,00
Venda de papel da coleta seletiva 906,00
Adubo produzido pela compostagem 2.050,00
Economia de combustíveis fósseis.................................... 6.096,00
Despesa evitada com a correção do desperdício de
energia elétrica diagnosticado por Furnas S.A. 100.000,00
Relatório de eficientização energética/Furnas S.A.* 3.000,00
Total **286.652,00**

(*) A Parceria com Furnas Centrais Elétricas S.A., uma das mais expressivas e pioneiras no PEA-UCB, resultou no relatório de eficientização energética. A empresa dispensou o pagamento de R$ 9.000,00 (US$ 3.000,00) referente aos gastos com a auditoria, como forma de incentivo às atividades de conservação de energia e por reconhecer o pioneirismo da UCB nessa área.

Receita....................286.652,00
Despesas....................46.504,00
Saldo 240.148,00

Portanto, o PEA-UCB gera um superávit de US$ 240.148,00 a cada ano, a despeito de não ser esse o seu foco. Entretanto, isso serve para demonstrar que as práticas ambientalmente corretas, acompanhadas de bom-senso, comprometimento e cooperação, oferecem resultados mensuráveis, reais. Sinaliza positivamente para as possibilidades do desenvolvimento de sociedades sustentáveis. Sai do discurso cartorial e vai para a ação, desloca-se do fatalismo e apresenta soluções, substitui o improdutivo desdém contemplativo acadêmico por indicadores de mudanças.

Indicadores

Os indicadores não são apenas um conjunto de dados, mas sim *modelos* que simplificam um tema complexo a uns quantos números (índices) que possam ser facilmente tomados e entendidos por quem elabora políticas e pelo público em geral.

São também elementos formadores de cenários de prioridades para o estabelecimento de metas e pesquisas nas mais diversas áreas das atividades humanas.

Foram nomeados indicadores de sustentabilidade das atividades do PEA:

Componente do PEA	Indicadores
Realização dos seminários de sensibilização	Número de seminários realizados: *55*; porcentagem do número de participantes em relação ao total de funcionários da UCB: *75%*.
Acolhida aos calouros	Número de calouros acolhidos em 2003: *1.200*; número de calouros acolhidos desde 2001: *7.505*.
Ambientação do *campus*	Número de ambientações promovidas em 2003: *6*.
Atração de aves silvestres	Número de espécies atraídas para o *campus* I: *20*; número estimativo de espécimes de aves, no *campus* I: *250*.
Central de Reúso	Quantitativo de materiais doados, em 2003: *17 toneladas*.
Coleta seletiva (papéis, metais, plásticos e vidros, baterias de celulares e pilhas)	Quantitativo de materiais enviados à reciclagem, em 2003: papel: *23, 8 t*; plástico, metal e vidro: *2,14 t*; alumínio: *3,12 t*; baterias de celulares: *2.411 unidades*.

Compostagem	Quantitativo de produção de adubo orgânico: *24 toneladas/ano*.
Conservação de energia	Porcentagem de redução do consumo de energia elétrica desde a implantação do PEA: *20%*.
Conservação da qualidade sonora	Número de reduções de agentes estressores da qualidade sonora: *6*.
Corpo de voluntários	Número de voluntários atuantes no PEA-UCB em 2003: *35*.
Encontro de educadores ambientais do DF	Número de educadores ambientais que participaram do evento: *172*.
Ilha de Sucessão	Número de espécies vegetais presentes: *17;* porcentagem da ilha com cobertura vegetal: *75%*.
Parcerias e interações intra e extra-institucional	Número de parcerias efetivadas: *21*.
Racionalização do uso da água	Porcentagem de redução do volume de água consumida: *15%*.
Redução do consumo de combustíveis fósseis	Porcentagem de redução de consumo de combustíveis: *15%*.
Participação em eventos e atendimentos de demandas externas	Número de palestras proferidas em 2003: *27;* número de atendimentos de visitantes: *25*.
Plantio de espécies nativas	Número de mudas plantadas: *380*.

Resumo Executivo do PEA-UCB

• A UCB é a primeira universidade privada do país a ter uma Política Ambiental definida. Foi desenvolvida e apresentada pelo PEA para apreciação-aprovação.

• Promoveu *55* Seminários Internos de Sensibilização, envolvendo cerca de 70% dos funcionários da instituição, ao longo de 2 anos.

• A UCB ocupa, desde 1995, *95%* das vagas do Corpo de Voluntários (agentes ambientais) do Parque Nacional de Brasília (Água Mineral), a unidade de conservação mais importante do Distrito Federal. O PEA capacitou estudantes da UCB, das mais diversas áreas, para aquelas atividades, por meio de *12* cursos de formação para agentes ambientais voluntários.

• O PEA-UCB conta com o Corpo de Voluntários formado por estudantes de diversos cursos, para atuação interna, em seus subprojetos.

• Promoveu a atividade de Racionalização de Consumo de Combustíveis Fósseis, planejando e produzindo orientações para o Setor de Transportes. Obteve *15%* de economia, reduzindo a poluição atmosférica e a sonora. Foram economizados *9.144 litros de combustíveis,* evitando a emissão de *24 toneladas de CO_2* para a atmosfera.

• Promoveu a Coleta Seletiva doando os produtos para uma cooperativa. Enquanto resolve um problema ambiental e educa, beneficia uma comunidade carente. Encaminhou para a reciclagem:

– *23.880 kg* de papel, evitando o corte de *405* árvores e economizando *238 mil litros* de água;
– *240 mil* latinhas ou *3,12* toneladas de alumínio;
– *2.411* baterias de celular;
– *23,8 toneladas* de plástico, metal e vidro;
– reduziu de *cinco* para apenas *um* contêiner/dia de resíduos da UCB para os aterros.

• Em quatro anos, promoveu cerca de *120 palestras* de difusão da temática ambiental e do PEA-UCB, em universidades, Secretarias de Estado de Educação e Meio Ambiente de diversos estados brasileiros e instituições privadas. Em dois anos promoveu 211 atendimentos, beneficiando 11.108 pessoas, diretamente.

• Orienta o Setor de Compras para a promoção da preciclagem, no sentido de dar preferência às aquisições de materiais que, comprovadamente, exibam preocupação com o meio ambiente (sabões líquidos biodegradáveis, por exemplo).

• Plantou árvores melíferas, atraindo aves silvestres (20 espécies) que integram o patrimônio ecológico e estético do *campus* I.

• O excesso de população de pombos no *campus* I foi controlado biologicamente, por meio da predação natural exercida por gaviões atraídos para o *campus* I, evitando-se o uso de venenos ou outros métodos artificiais.

• Desenvolveu o processo de compostagem, que transforma os resultados das podas e corte do gramado, em adubo orgânico (húmus). Serve ainda como área de estudos técnicos, para os alunos dos cursos de Engenharia Ambiental e Biologia, além dos estudantes do Ensino Fundamental e Médio que visitam o projeto.

• Criou a Central de Reúso, local para onde convergem materiais "inservíveis" da UCB, dispostos periodicamente à disposição da comunidade. Entregou *17 toneladas* de sucata a organizações comunitárias carentes. Há benefícios mútuos: a UCB não acumula passivo ambiental, contribui para reduzir a pressão sobre os aterros, favorece pessoas carentes e educa.

• Criou a Ilha de Sucessão, espaço destinado à colonização natural de plantas do Bioma Cerrado, em meio ao gramado do *campus* I. Esse espaço tem sido muito explorado por regentes de diversas disciplinas. Foram identificadas *17 espécies* vegetais de Cerrado, estabelecidas por processos naturais (ventos, insetos, aves e outros).

• Atende a demandas de palestras/entrevistas/informações, oriundas de diversos cursos da UCB (Comunicação Social, Jornalismo, Física, Direito, Pedagogia, Fisioterapia, Engenharia Ambiental, Biologia, entre outros).

PEA – Atendimentos

Ano	Nº pessoas
2000	2.640
2001	2.305
2002	1.678
2003	2.323
Total	**8.946**

• Elaborou e produziu diversos recursos instrucionais e de divulgação, destacando-se o livreto *Elementos para a percepção das questões ambientais* e *55 ações individuais para a sustentabilidade*, distribuídos aos funcionários e alunos, em diversos eventos.

• Em 4 anos seguidos, cerca de 9 *mil calouros,* em sua acolhida, assistiram a palestras sobre o PEA. Na oportunidade, os calouros plantaram mudas de árvores representativas do Bioma Cerrado.

• Foram plantadas, no *campus* I, cerca de 300 mudas de árvores de Cerrado.

• Em cooperação com Furnas S.A., promoveu o diagnóstico de eficiência energética da UCB, quando levantou um desperdício de 65% no consumo de energia elétrica para a área externa e 42% para a área interna, sugerindo mudanças corretivas. A partir dessas sugestões, formou-se o Subprojeto de Conservação de Energia, que corrigiu e zerou os desperdícios. Na atualidade, apresenta uma economia de 20%.

• Desenvolve o processo de compostagem, que transforma os resultados das podas e corte do gramado e folhas caídas em adubo orgânico. A produção excedente é doada para hortas comunitárias de instituições beneficentes.

• Gerou várias mídias espontâneas no rádio, nos jornais (edições nacionais) e na TV (edições locais e internacionais – cabo).

• Implantou medidas de racionalização de uso da água, gerando uma economia de 15% no consumo.

• Dissemina na UCB a dimensão socioambiental e articula ações dos estudantes com as unidades de conservação do DF.

Avaliação e Prospectivas

A avaliação do PEA-UCB é polifacetada. Ocorre de forma contínua, por meio de vários processos, entre os quais se destacam:

- organização de dados inobtrusivos (Webb et al., 1992);
- identificação de indicadores de mudanças.

O PEA-UCB tem sido *benchmarking* de diversas empresas brasileiras. Uma delas, a Cetrel S.A., Empresa de Proteção Ambiental do Polo Petroquímico de Camaçarí, portadora das certificações ISO-9.000, ISO 14.001, OHAS 18.000 e outras, e foi a ganhadora do PNQ – Prêmio Nacional de Qualidade de 1999.

A despeito do seu reconhecimento fora das fronteiras da instituição, internamente o PEA passou por momentos muito difíceis. Conflitos políticos, interesses contrariados de pequenas autoridades, burocracia e outras veleidades afins e típicas dos agrupamentos humanos terminaram reduzindo a expressão das potencialidades do Projeto (que, na verdade, deveria ser um Programa). Mas já foi um grande avanço. Afinal, não se mudam hábitos seculares em pouco tempo.

Quando assumimos o compromisso de implantá-lo, em maio de 1999, projetamos os seus primeiros resultados para 5 anos. Estão aí! Desafio cumprido. Agora a UCB deve manter a sua incorporação.

O objetivo desse livro é socializar essa conquista, demonstrando que é possível produzir as mudanças que tanto ouvimos falar e que normalmente ficam apenas no discurso.

Referências bibliográficas

ALVA, E. N. *El desarollo sustentable y las metrópolis latinoamericanas – En busca de un nuevo paradigma urbano.* Foro Ajusco II. México: PNUMA, 1995.

BRAUN, R. *Environmental education and training in Brazil.* Geneva: International Labour Organization, 1992.

DAILY, G. C. e EHRLICH, A. H. P. R. Socioeconomic equity: a critical element in sustainability. In: *Ambio* 24(l):58-59, 1995.

DIAS, G. F. *55 contribuições individuais para a sustentabilidade.* Brasília: Universa, 2001.

_____. *Elementos para a percepção das questões ambientais.* Brasília: Universa, 2001.

_____. *Educação ambiental – Princípios e práticas.* 9. ed. São Paulo: Gaia, 2005.

_____. *Pegada ecológica e sustentabilidade humana.* São Paulo: Gaia, 2002.

_____. *Fundamentos de educação ambiental.* Brasília: Universa, 2004.

_____. *Ecopercepção.* São Paulo: Gaia, 2004.

_____. *40 Contribuições pessoais para a sustentabilidade.* São Paulo: Gaia, 2004.

EHRLICH, P. R. e HOLDREN, J. P. (Eds.). *Resources and the human predicament.* Texas: A&M University Press, 1994.

_____. (Eds.). The Cassandra Conference. Texas: A&M University Press, 1994. p. 17-51.

EVERSLEY, R. *Environmentalism and political theory.* New York: State University of New York Press, 1992.

IBAMA. *Educação para um futuro sustentável.* Brasília: Edições Ibama, 1999.

KENNEDY, P. *Preparando para o século XXI.* 2. ed. Rio de Janeiro: Campus, 1993.

MININI, N. A formação dos professores em educação ambiental. In: *Textos sobre capacitação em educação ambiental.* Brasília: Oficina Panorama da Educação Ambiental, MEC-SEF-DPEF-Coordenação de Educação Ambiental, 2000.

OLIVEIRA, E. M. de. A crise ambiental e suas implicações na construção do conhecimento. In: QUINTAS, J.S. (Org.). *Pensando e praticando a educação ambiental na gestão do meio ambiente*. Brasília: Ibama, MMA, 2002.

_____. *Cidadania e educação ambiental*. Brasília: MMA, Ibama, 2003.

PORTER, G. e BROWN, J. W. *Global environmental politics*. Série Dilemmas in World Politics. Colorado: Westview Press Inc. 1991.

QUINTAS, J. S. e GUALDA, M. J. *A formação do educador para atuar no processo de gestão ambiental*. Brasília: Ibama, 1999. Série Meio Ambiente em Debate, 1.

REES, W. E. *Revisiting carrying capacity: area-based indicators of sustainability. 1998.*

STERN, P. C., YOUNG, O. R., e DRUCKMAN, D. *Global environmental change: understanding the human dimensions*. New York: National Academy Press, 1992.

UNESCO-UNEP. *Intergovernamental Conference on Environmental Education*. Tbilisi: Final Report, 1997.

UNESCO. *La educación ambiental. Las grandes orientaciones de la Conferencia de Tbilisi*. Paris, 1980.

_____. *World population*. Espanha: Environmental Education Dossiers, 1993.

_____. Humanize the urban environment. In: *Connect,* XXI n. 3, setembro, 1996.

_____. *Declaration of Thessaloniki*. Grécia: Draft Thessaloniki, 1997.

_____. Field Activities – International Conference on "Environment and Society: Education and Public Awareness for Sustainability". In: *Connect,* XXIII, (1):3, 1998.

VALLE, Cyro Eyer do. *Qualidade ambiental*. 5. ed. São Paulo: Senac, 2002.

VIOLA, E. *As dimensões do processo de globalização e a política ambiental*. Caxambú: XIX Encontro ANPOCS, GT Ecologia e Sociedade, 1995.

WACKERNAGEL et al. *Ecological footprint of nations.* México: Centro de Estudios para la Sustentabilidad, Universidad Anáhuac de Xalapa, 1998.

WACKERNAGEL, M. e REES, W. *Our ecological footprint. The new catalyst bioregional series*. Canadá: New Society Publishers. Gabriola Island, 1996.

WEBB, E. J. et al. *Inobtrusive measures*. 8. ed. Chicago: Rand McNally, 1992.

WINSEMIUS, Pieter. *Sustentabilidade e competitividade em estratégias de gestão ambiental*. Salvador: Unibahia Editora, 2004.